新セミプロ株式戦法

―プロが明かす 売買高等技術―

柳田錦秀

同友館

はじめに

「生まれて初めて株をやり、三月に商船三井で約三万四千円取りました。その後も儲かっています。近頃では、子どもや孫に小遣いがやれるので鼻高々です」（東大阪市・Ｋさん・七二歳）

「毎月住宅ローンの残高を支払うのに大変でした。ところが最近、天祥閣で株の勉強をやっているので、お金に困ることがなくなりました。株で稼いだ七〇万円、何に使おうか嬉しい悩みで一杯です」（神戸市・Ｍさん・五四歳）

「ビックリしましたよ。三菱化を買って六日目に二八万円取れたんですからね。値上がり益を受け取るとき、さすがに手が震えました」（大阪市・Ｎさん・三四歳）

「株を始めて三ヶ月目です。ＦＡＸで送ってもらう株を買うだけ。三〇万円の資金で約八万円の純益がでました。資金が一〇倍なら儲けも一〇倍になっていたはずです。その後も株で勝ちつづけています。運とかツキというより『本物の株のやり方』だからではないでしょうか」（富田林市・Ｅさん・二七歳）

などの便りが次々と寄せられているように、本書は史上最高の金儲けのやり方なのです。今こそあなたも、この「究極」の株のやり方で、株式投資の興奮、感激を体験され、大金持ちへの道を一直線に邁進してください。これまでの株の予想や必勝法で満足できなかった方も、本書により仰天歓喜の大満足を味わって下さい。

このやり方は、

① 投資資金単位は二五万円～三五万円くらい。

② 純益一万円以上の獲得を年数回～十数回行う。

というやり方です。目標は投資資金の年率三〇％くらいを狙います。

「約三〇万円で一〇万円」「約一〇〇万円で三〇万円」「約五〇〇万円で一五〇万円」を目標とします。資金が一〇倍なら、当然、儲けも一〇倍になります。投資資金は多ければ多いほど有利ですが、現在資金のない人も、株の勉強は今すぐはじめましょう。誰にでもわかりやすい本です。

私の株の本の読者はすでに七万人を超え、数億円の資産を築いた人もいます。「株をはじめて高額な値上がり益を受け取るようになってから、チマチマ働くのが嫌になってしまってね」という人もあります。それはご自由に……。

本書に記述している「株式投資に関する原理・および内容」については、旧版『セミプロ株式戦法』に掲載した通り、香港の株の大家李先生より直接ご指導を受けた『物価的中秘伝』によるものです。

本書が皆様の株式投資に対して少しでもお役に立てば幸いです。出版にご尽力下さった菊地公平氏の好意と御協力とに対して、衷心より深甚の謝意を表しておきます。

平成十四年五月

柳田錦秀

目次

目 次

第1章

株の買い方・売り方

1 注文のしかた

株の注文を出すときは、次の四点を特にハッキリさせておくことが肝要です。

① 売り買いの別
② 銘柄
③ 価格と株数
④ 売り買いする期間

銘柄について、呼び方がよく似ているのが少なくありません。日本鉱業の略称日鉱と日工。タムラ製作と田村電機など、間違いやすいので注意して下さい。また、売り買いには立会開始の寄付（よりつき）とか、立会の終りの大引（おおびけ）などと時間を指定することもできますし、普通の注文はその日限りですが、希望の価格で売り買いしたいときで今日中には難しいというときは、今週中とか、今月中と指示することもできます。

注文には、価格を指定する「指値注文」と、価格を指定しない「成行き注文」に分けられます。ほかにその中間のような「計らい注文」というのもあります。また、寄付、大引だけと、時間を指定する注文の出し方もあります。

出した注文を確実に成立させたければ成り行き注文にしなければなりません。まず確実に商いが成立するでしょう。また指値注文より優先するので、時間的にも早く、商いが成立する利点があります。急ぐ注文には好適です。

成り行き買いの欠点は、売り物が少いときなど予想外の高値で商いが成立して、高い買い物になってしまったというようなことがあることです。

指値注文は「新日本製鉄を一八〇円で一万株買う」といった形で注文します。これなら希望通りの価格で買うことができますが、一八〇円の株価がつかなければ買えずにチャンスを失うこともあり得るのは当然です。一八〇円の株価がついても、成り行きの買いが優先しますし、時間的に早い他の注文がでていれば全くできないこともありますし、一部だけ、例えば一万株のうち五千株だけ商いができたということもあります。なお、指値注文で商いが成立しない場合、指値を変更するとか、成り行き注文に変えることもできます。

2 売り注文の出し方

買い付けた株が値上がりしてきました。これを売って値上がりの差益をとることを「利食い」といいます。売り注文の出し方は、買い注文の場合と全く同じと考えてよいでしょう。売り注文の出し方の難しさは、そういう手続きではなく、売るタイミングです。株式投資の上手下手は、売り方の上手下手に尽きるといわれるほどです。

株価が値上がりしてくると、これからもまだまだ上がるような気になってきます。九〇円値上がりすると、もう一〇円で一〇〇円になるからキリがよいなどと考えて、売る時期を失することが少なくありません。

いくら値上がりしても、株券で持っていたのでは絵にかいた餅です。売却してお金にして、はじめて利益がでるのです。株は生きものですから、いちがいにはいえませんが、ハラ八分目で利食いするくらいのほうが堅実です。持ち株の半分だけでも売って、いちおうの利益を確保しておくというやり方もあります。「利食い千人力」ということわざもあるほどです。

買うときは一円でも安く、売るときは一円でも高いほうがよいのは人情です。それで買いそびれたり、売りそびれたりすることがあるのです。買いそびれたときは次のチャンスを待つか他の銘柄を狙ってもよいのですが、売るときは、売りそびれてかえって値上がりしてよかったということもありますが、原則的には確実に売ることが肝要です。

急がないときは、指値注文をしてジックリ株価の上がってくるのを待てばよいのですが、株価が上がってくると指値を上げたり、売れないと指値を小刻みに下げたりする人があります。こういう小細工はかえって売るチャンスを失うことになりがちです。特殊な場合を除いてはあまり使わないほうがよいと思われます。

確実に売るには、成り行き注文です。前場とか後場の寄付にやるのがよいでしょう。大引の成り行き売りは、それに見合う買いものがなくては売れないことがあります。また、売れても買いものが少なく、意外な安値で商いが成立してしまうことがありますので注意したいものです。

立会い中、商いが賑わっている銘柄は、上値には売りもの、下値には買いものが入っていますので、成り行きで売りにいっても、希望する株価とあまりちがわないところで売れてきますので、成り行き注文がふさわしいようです。

3 信用取引制度

売買代金と株券を引き換えるのを「現物取引」といいます。戦前は「精算取引」といって現株の受け渡しをせずに、売りと買いの差金だけを決済するやり方もありましたが、戦後は株式市場が現物の売買を基本とするということから精算取引は廃止されました。

しかし、どんな商品の取引でも代金の後払い、割賦があります。それは売る方、買う方との間で信用があるからです。信用がなければ経済は成り立ちません。株式市場でも取引を円滑にするためにはある程度は信用を基礎にした取引も必要ということで、「信用取引」が認められています。

これは資金や株券を借りて株を買ったり売ったりできる制度です。いま手許に資金や株券はないが近い将来には手に入る、いま買うなり売るなりしたほうが有利だ、というときにこの制度が便利です。あるいは現金はないが株券など有価証券はあるとか、少ない資金で多くの株の売り買いをして株価の差益を稼ごうという目的で利用することもできます。

資金を借りて株を買うことを「融資」、株券を借りて売ることを「貸株」といいます。借りるのですから無担保でというわけにはいきません。担保の基本は三〇％で、現金またはそれに相当する有価証券を差し入れることになっています。これを「委託保証金」といいます。株式は時価の七掛けに換算されます。公社債は株式より掛け目は高いのですが、種類によってまちまちです。

信用取引を行うときは、取引する証券会社に「口座設定約諾書」を入れることになります。信用取引は少ない資金で多くの株を動かせますが、株価の変動によりリスクもそれだけ大きくなります。そこで証券会社によっては信用取引をやらせる客を規制しています。大きな損失がでたときにトラブルになる懸念があるからです。同じような理由で婦人投資家を敬遠するところもあるようです。

この制度を利用して見込み通りにいけば、少額の資金で大きな利益をあげることも可能ですが、見込み違いになれば損失も大きいことを忘れてはなりません。初心者や株式投資に不慣れな人は慎重な利用態度が望まれます。なるべくなら避けたいものです。

信用取引は資金や株券を借りるのですから無期限というわけにはいきません。一般の信用銘柄は最大限六カ月以内に決済しなければなりません。その期限を超えるときは一度決済して新たに借りるという形をとります。これを「乗り換え」と呼んでいます。

乗り換えは、売って買う（また買って売る）往復の委託手数料を払わなければなりません。損失がでていれば充当しなければなりません。そこで資力のない投資家は泣く泣く期限ギリギリに反対売買をして決済し、損失を埋めるために担保を入れていた株券などの有価証券を処分しなければならなくなります。「期日投げ」とか「処分投げ」といわれるものです。

信用取引はどちらかというと短期勝負が狙いです。その意味から決済期限はもう少し短くてもよいわけです。

信用取引を証券会社からみると、資金（買い）や株（売り）を貸しているのですから、平常時でも三〇％以上の委託保証金をとっています。値上がりあるいは値下がりを期待して信用取引をしても、思惑に反して反対の結果になれば差損が発生します。この分を保証金から差し引くと三〇％を割り込んでしまうことがあります。また、保証金代りに株券を担保に入れておいた場合には、その株の値下がりがあれば担保の評価も下がります。差損と担保の値下がりが重なれば打撃は大きくなります。

証券会社は債権を保全するために、保証金が基準以下になると、保証金を追加差し入れするよう求めてきます。追い証が入れられなくなれば、反対売買をして決済したり、担保の株券を処分しなければならなくなったりして、不測の大きな損失を招くことにもなりかねません。

4 信用買い残の急膨張は赤信号

証券金融会社（東京は日証金、大阪は大証金）は証券会社を通じて信用取引の客に資金、株券を貸していますが、その状況を毎日発表しています。新聞の証券欄に貸借取引残高の一覧表がありますが、これには証券会社の自己融資分は含まれていませんので、信用取引の実態とかけ離れており、あまり参考になりません。

それを補うため自己融資を含む信用取引残高が、東京、大阪、名古屋で週一回発表されています。先週末現在のものが次の週の水曜日の新聞に掲載されています。「東証信用取引銘柄別残高」というのがそれです。

株価が値上がりするとその銘柄の融資残高が急速に膨れあがることがあります。これは一般的にはこの銘柄を信用取引で買った人が多いことを示しています。信用買いは特殊なケースを除いて六カ月以内に売り決済するのが前提です。融資残高が増大したということは待機している潜在売りが増大していることになります。つまり、先行き下げ要因があるわけです。

逆に貸株残高が増加することは買い戻さなければならない潜在買いであり、先高要因があることになります。

融資残、貸株残が並行して増加すれば下げ、上げ要因が相殺されていることになりますが、融資残の急膨張が目立つときは、値上がり益を狙った短期勝負の信用買いが多く、いずれ売ってくるので、株価が頭打ちになったり、反落する時期が近づいている警戒信号とみることができます。こうして、売り買いの判断材料のひとつとして重要視されています。

5 信用取引に対する規制措置

株価の上昇テンポが早くなり、信用取引の融資残高や貸株残高が急増し、株価の動きが投機化されていると判断されますと、信用取引を規制する措置がとられます。投資家に警告を与え損失を未然に防ごうという狙いから、証券取引所の権限で行われるものです。規制は全信用銘柄一律に課す全面規制と、人気が過熱化しているとみられる個々の銘柄を対象にした個別規制に分けられます。

全面規制は株価の上昇、出来高、信用取引残高増などが、その時の経済、金融情勢といった環境と較べて異常で投機色が強まったと判断されたときに実施されます。

・委託保証金率を三〇％から順次引き上げていく。
・保証金のうち一定比率以上必ず現金で徴収する。
・担保に入れている株券の掛け目を七〇％から順次引き下げていく。

の三方法があり、これを適宜組み合わせて実施しています。保証金や担保の掛け目は一〇％

刻みで動かされているのが実態です。

全般の市況とは関係なく個々の信用銘柄で過熱感のある動きが目立ってくると、個別銘柄に規制されます。方法は全面規制の場合と同じです。規制とまではいかないのですが、信用取引の融資、貸株の残高が急増、一定の基準を超えると注意銘柄とされて、その融資、貸株残高が毎日公表されます。もちろん規制銘柄についても同様です。

6 株不足と逆日歩

信用取引では融資残高が貸株残高より多いのが普通です。ところが売りが急増して貸株残高が融資残高を上回ることがあります。これを「株不足」といいます。

こうなったときは、翌日の午前十時までに証券会社から株不足に見合うだけの信用買いの訂正申し込みができることになっています。自己融資分を証金からの融資にふり替えるわけです。こうして売り買いが均衡して満額となります。訂正申し込みがないか、あっても少なく、株不足が残るときは、生命保険会社、損害保険会社などたくさん株式を保有しているところから借りてきて満額にします。

株券は無料では貸してくれません。「品貸し料」という調達量を一日単位で払わなければなりません。こうなると、平常時なら金利をもらっていた売り方が、逆に金利を払うようになり、これを「逆日歩」と呼んでいます。

逆日歩がついた銘柄の売り方は、すべてがこの負担を受け持たされます。逆日歩は不足する株券の数量によって毎日変わります。一〇銭というと年率三六・五％ですから、逆日歩が上がってきて一円にもなると大変なもので、金利負担に苦しむことになります。「逆日歩で売り方を締め上げる」などといわれるのはこのことです。そのあげく、担保が足らなくなり高値で買い戻す羽目になり、元も子もなくすことがありますので、カラ売りには特に慎重な配慮が望まれます。

貸株に逆日歩がついたときは、融資の日歩は、本来支払うべきものが受け取りに変わります。

第2章

株式投資は低位株に限る

1 低位株投資のメリット

株式投資は低位株に限る――というより、低位株以外は絶対に買ってはいけません。私がこんなことを書くと、反論する人がゴマンといるでしょう。何も、私は浮薄な理論を根拠にこの主張を押し通す気は毛頭ありません。儲けるために株式投資をするのですから、まず最初に、損をしないことを考えてから行動することが大切です。まずは、それだけを考えるべきです。

並木俊守先生は、著書に次のように書いています。

「株式投資には、値嵩株投資もあれば中低位株投資もあります。さらに優良株投資もあれば、業績不振株投資もあります。しかし、低位株投資が最も安全です。（中略）なんとなれば、値嵩株は値が高いだけに、将来値下がりして損する可能性がありますが、低位株は値が安いだけに、将来値下がりして損する可能性はきわめて小さいからです。

もっとも、値嵩株はまだまだ値上がりする可能性があるが、低位株はもはや値上がりする可能性はないという者もいます。しかし株価の流れを見ると、値上がりした株式は必ず値下がりし、値下がりした株式は必ず値上がりすることを何回となくくり返しています」（並木俊守著『退職金活用の株式投資学』実業の日本社、一〇九頁）。まさにこの通りです。危険をさけることから行動をはじめるべきです。さらに、

「一般に、果物は腐る直前が最もうまいといわれます。また、夜明け前が最も暗いともいわれます。ロウソクの火が消えるときも、消える直前に突然明るくなってそれから消えます。それと同じように、低位株は、長い間低位に放置されていますが、いったん値上がりが始まると、値嵩株より値上がりの期間は短いかわりに、値上がりの倍率は相当なものとなります。したがって、短期間にも低位株は相当大きな値上がりをすると見ていいのです」（前掲書一一三、一一四頁）

私もこの説には同感であり、私自身の経験からも正しい考えであると痛感します。

では、私が株式投資は低位株に限るという理由を述べてみましょう。

倒産――こんなことはしょっちゅうあるわけではありませんが、しかし、取引所に上場されている企業の中には、倒産してついに株価がゼロになるものがないとはいえません。

倒産した場合、株価一、〇〇〇円の株式を五、〇〇〇株買い付けていたとしたら、五〇〇〇万

円の損失です。ところが、株価二〇〇円の株式を一、〇〇〇株だけ買い付けていたとしたら、万一倒産した場合でも二〇万円の損失ですみます。

株式投資は、つねに多少の危険があるわけですが、銀行預金よりずっと有利な成果を得ることができますので、手をつけるときは、まず危険負担を最小限にすることを考えましょう。

株式投資はやりたいがあまり危険なことはしたくないという人のためにも、低位株への投資をお薦めします。それも、一銘柄につき一、〇〇〇株単位の分散投資がよいということになります。危険分散の第一歩です。

では、低位株であればどんな銘柄を買ってもよいのかというと、そうではありません。そこは、本書で述べている「初心者にも出来る確率の高い値上がり銘柄発見法」を大いに参考にして下さい。

株式投資は何百万円とまとまったお金がないとできないものだ、と思っている人が意外に多いようです。そこで、一、〇〇〇株投資に限定して考えてみましょう。時価一、〇〇〇円台の株を買えば一〇〇万円の資金が必要です。一〇〇万円といえばこれはもう大金の部類に入ります。八〇〇円台の銘柄でも八〇万円以上、五〇〇円の水準で五〇万円の資金が必要ですので、そう簡単にポンと出せる金額ではありません。

その点、低位株であれば、銘柄によっては一五～二〇万円でも買える株があります。低位株への投資は、資金が少なくてもできるという最大の利点があります。株が身近なものになります。

【注】私は時価五〇〇円台までの株式を低位株と規定することにしています。資本金がいくらであり、一株当たりの純資産や一株当たりの利益は何円くらい、という基準はありません。つまり、全体の水準次第で低位株の基準も上がったり下がったりするわけです。低位株といえば、五〇〇円台までの株を一応のメドに考えて下さい。

株式投資は低位株に限る――ということについて総括的にまとめてみますと、

① まず万一倒産した場合でも、被害が軽くてすみます。株式投資をする以上、この万が一の場合をまっ先に考えるべきです。

② 低位株はショックに強い。

③ 低位株への投資は資金が少なくてもできる。

④　手数料と取引税の問題からみても有利。

⑤　低位株は上がりやすい。

ということになります。

低位株投資の利点と魅力は、まだまだたくさんあります。株式投資をする場合、絶対に値嵩株に投資すべきでなく、必ず低位株に限ります。株式売買はまずこの点からはじめ、これに終始すべきです。

２ 信用残と六カ月期日に注意

信用取引とはどういうものかについては先に述べた通りです。ここで大切なことは、信用残と六カ月期日についてです。信用取引は六カ月という期限つきの取引であり、

○信用で買った株は――期日までに売却する。または、買付代金に金利を上乗せしたお金を支払って現物を引き取る。

○信用で売った株は――期日までに買い戻すか、手持ちの現物を渡す。

という処置をしなければなりません。

信用取引は全取引の三〇％内外にも達するといわれます。したがって、株価の高騰、下落の要因になるのは当然のことです。だからこそ「信用残と六カ月期日」には十分注意しなければならないことになります。

そこで、日本経済新聞等に毎週定期的に載る「三市場信用取引残高」および「東証信用取引銘柄別残高」は、特に気をつけてみる必要があります。

信用取引銘柄別残高の数字は、日証金などの貸借残とちがって、証券会社の自己融資分も含んでいますので、実態をほぼ正確に開示しているといってよいでしょう。ただ、締め切った日から発表するまで数日のズレがあるのが欠点といえばいえます。しかし実際問題としてはその間に大商いとか、大量の玉移動がなければ大差はないと判断してよいようです。

信用取引銘柄別残高の読み方は、〝売り残株、買い残株の増加傾向〟を把握することにあります。

買い方の側からみて好ましいのは、〝株価が上昇傾向をたどっているときに、売り株残高、買い株残高がともに漸増している〟ことです。一般には「取り組み」が厚くなってきたと表現されますが、いわば売りも買いも拡大均衡が続いている状態で、上昇相場の典型的なパターンといえるでしょう。

買い方は株価の上昇で利が乗っているので利食いチャンスも多く有利ですが、売り方は損をして買い戻しをしなければならないのでむずかしくなります。

売り残高の増加が買い残高を上回るようになりますと、株不足となって売り方は逆日歩をとられるようになることがあります。こんな状態が続くと売り方は大きな打撃を受けます。

ただ、売り残高のなかには現物株を持っている〝つなぎ売り〟が大量にまざっていることがあります。こんな場合には、現株渡しで売り株残高が急減することがありますので、よく研究することが肝要です。

並行して増加していた売り残高と買い残高に変調がきます。売りの増加が止まって買いだけが増加するとか、売りが減少傾向に変わっても買いの方が依然として増加しているとき、これは高値警戒として検討してみる必要があります。株価が頭打ちとなって少し下げるとかえって買い残高がよく増加します。高値を憶えていて、安くなったので値に惚れて買いが入るわけです。しかし、こういう状態のときは高くなれば売り逃げたいむきが多いので、かえって株価の重荷になるケースが多いようです。

これらは信用残高から株価の先行きを読むテクニックのほんの一例です。この読み方はなんといっても経験がモノを言います。毎週発表される信用取引銘柄別残高の推移と株価の推移を重ね合わせながら検討していると、株式投資のおもしろさが倍加するのではないかと思います。

3 投資期間について

巷間の株式入門書には、投資期間について次のように書いてあります。

「目先は三週間から七週間、中勢は信用取引きの動きからみて三カ月から六カ月、大勢はそれよりも長い期間と決めて、云々」と。また、著者の経験則なり独自の発想から出たそれぞれの「投資期間」が設定してあります。それはそれでよいのです。

しかし、次のような場合について考えてみましょう。

「短期投資で期間は三カ月」と設定したとします。

① 買い付け後二カ月くらいで希望の売り値に値上がりした。

② 三カ月たっても値上がりしない。

というようなことがあります。これではいったい何のために投資期間を定めたのかということになります。もちろん、希望の売り値まで値上がりしたら売却し、利食いしたらいいし、値上がりしなかったら持続するよりほかはありません。

何分にも株の世界のことです。百人いれば百人とも違った（または得意とする）やり方があるでしょう。ですから「この方法は良い」「あの方法は悪い」というようなことは言えません。投資期間について、私は次の方法をとっています。

① 相場軟調時は、一万円以上獲得したら利食いする

② 相場堅調時は、一～二割高になったら利食いする

③ 相場嵩上時は、大化け（二倍高以上）したら利食いする

という三つの方針を取っています。それで結構成功しているので、確信をもってこの三つの方法をやっているわけです。もちろん、短期と中期投資では売買技術も異なります。

それはさておき、先に述べた「相場軟調時は、一万円以上獲得したら利食いする」「相場堅調時は、一～二割高になったら利食いする」「相場嵩上時は、大化け（二倍高以上）したら利食いする」という点についていえば、株価が買い値を上回り目標額を達成したら、この投資期間もその時点で終わるということになります。

つまり、株価が買い値を上回り、目標額を達成したらよいわけで、期間にこだわる必要はありません。銘柄によって、目標額まで値上がりするのに早い遅いの差が出てくるので、「買付けた時点より値上がり目標額を達成するまで」が投資期間であると考えています。

4 ただちに持ち株を売却する時

値上がり益を取るために株を買う。日々の株価の上げ下げに一喜一憂しながら、どうか自分の買った株が値上がりしますようにとひたすら祈る。これは投資家共通の願いです。ところが、その祈りや願い、期待とは反対に、次のようになった場合はただちに持ち株を売却しなければならないのです。売却が当然という時もあるし、また思い切りよく決断しなければならない時もあります。

① 会社が倒産、更正法の申請をした時

実際には、この段階ではもう遅すぎます。倒産のうわさが新聞等で報道された時点で売却すべきです。

倒産のニュースが出ても「そのうちなんとかなるだろう」では駄目です。またショックのあまりうろうろしていてもいけません。感情に左右されず、落ち着いて、証券会社に売却依

頼をしたらよいのです。

②　上場廃止になった時

わざわざこういう銘柄を買うこともないでしょうが、万一、自分の持ち株が上場廃止になったら、いや、なる以前に売却すべきです。

③　大事故があった場合

株式入門書のなかには「事故は買い」となっているのもありますが、私は「事故は売り」と言いたいのです。短期投資の方針で買った株ならなおさらのことです。銘柄や事故の大小にもよりけりで一概にはいえませんが、株価が下落して回復に至るまで、いったいどれくらいの期間待たなければならないかを考えたらわかることです。

④　無償増資、または、有償増資の権利落ちの場合

権利落ち後株価が高くなるのもあれば、反対に安くなるのもあります。また、権利落ち後の値下がりを安値で拾ったつもりで買った株が、一向に値上がりせず参ったということはないでしょうか。こういった銘柄に新規投資しても、短期に成果をあげることはむずかしいものです。したがって、無償、有償増資のある銘柄は権利落ち前に売却してしまうことと心得ておくべきです。

⑤ 粉飾決算等が発覚した時

これは言うまでもないことで、ただちに「売り」です。

⑥ その他（政治と株価）

戦後、どこの国をみても、広範な分野において経済活動への政府の影響力は強まっています。したがって、株式市場で、政治の動向が民間企業にとってプラスになったりマイナスになったりしてあらわれるのは当然のなりゆきです。

なかでも、政治の変化が最も激しく表われるのは選挙です。

資本主義体制下の企業は自由な経済活動に制約を加えられるのを嫌っています。革新政党の政策もかなり現実的になってきたとはいうものの、企業にとってまだまだ不安な要素が少なくありません。

しかし、それにも大分慣れてきています。革新勢力がふえたといっても、しょせんは保守政権が安泰であるという安心感があります。保革接近で株価が急落しても、そのあと戻しているのはこのためなのです。

第3章

株式投資でのミスをなくす

1 株は余裕資金でやろう

きょうは、A子さんは朝からイライラして落ち着きません。四日先には大学生の息子の学資を振り込まなければならないのですが、その資金は、この前の主人のボーナスから銀行に預金してあることになっています。ところが、そのとき、まだ先のことなので、それまでの間に少しでも有利に運用してヘソクリをつくろうと株式投資にふり向けたのでした。

はじめは見込みどおりに値上がりしてうまくいったと内心は喜んでいたのですが、もう少しもう少しと欲を出したのが間違いで、ジリジリ値下がりしてきたのです。それでもすぐに売っておけば損にはならなかったのですが、何しろ高値を見ているので、少し戻れば売ろうという気持ちになるのも無理はありません。そうこうしているうちに振込み期限が近づいてきたのです。いくらかでも損を少なくしたいので、指し値で売り注文を出していますが、待てど暮らせど売れません。大引け間際になって止むなく成り行き注文に切り替え、指し値より三円も安く売ってしまいました。

一日中イライラさせられて損をするのでは、なんのために株式投資をやっているのかわかりません。これは、資金に期限がついているのを配慮しなかったミスです。また、ご主人に内緒だったので、気分的にも落ちつかなく、冷静な判断ができなかったのかもしれません。

株式投資は余裕のある資金で、気持にゆとりを持ってやることが第一条件です。よくゴルフはメンタルなスポーツだといわれますが、別にゴルフに限ったことでなく、勝負事はメンタルなものが影響するところが大きいようです。株式投資でも同じことです。焦らなければ状況がよく理解できて、比較的よい判断ができます。そういうときはチャンスが向こうから転がりこんでくるものです。

Ａ子さんの売った株は、手の内を見すかされたように翌日から反発しました。こういう体験は口惜しいもので、それなら売るのをもう少し先に延ばして、その間はサラ金から借りてつなごう、などと考えたらとんでもないことです。そのときは、売ったあとですぐに騰がったとしても、この次もそうなるとはかぎりません。この勝負は負けと割り切って忘れ、次は新しい気持ちで対処する、そういう考え方が大切なのです。

株はけっして一時的なものでなく、長く継続しているものです。余裕と気持ちの切りかえ——これが大切です。

2 信用取引には手を出すな

信用取引をしてはいけないというと証券会社に叱られるかもしれません。実際に、個人の株式売買のほぼ半分が信用取引です。それでいて信用取引をしてはいけないとはどういうわけか、ということになるのですが、これには注釈がついていて、株式投資の経験と資金的に余裕がなければ……ということです。

「資金的に余力があって、信用取引の仕組みをよく理解している投資家」に限って信用取引を認める――建て前はこうなっているのですが、ついその枠を踏みはずしがちになります。投資家の方もはじめは尻込みしていても、「あの銘柄、もし信用取引で買っていたらこれだけ儲かっていたのに」とか「二週間や三週間なら金利も大したことはない。手持ちの株券を活用して儲けよう」などと、ついつい一度だけと信用取引に手を出すケースがよくあります。

Bさんはこうして信用取引をはじめました。思うようにいかず損を出してしまいました。それっきりで止めておけばまだよかったのですが、損を取り返そうと思ってもう一度信用買いをして、今度はいくらか利益を得ました。こうなるともう止められません。株式投資の経験が少ないので見切り売りするふんぎりがつかず、ズルズルと値下がりして大きな損を出してしまい、その損失を埋める現金がないので担保の株券を売る始末になってしまいました。

不馴れな投資家の信用取引の成績表をみると、儲けるときは小さく、損するときは大きいことが多いのです。

それでも、信用買いは失敗しても損失に限度があります。五〇〇円で信用買いした株はいくら値下がりしても五〇〇円以上の値下がりはありません。ところが逆に五〇〇円で信用売りした株は二、〇〇〇円にも三、〇〇〇円にもなることがあります。

現物取引の何倍もの体験と知識を身につけて、はじめて信用取引に入門できると思って下さい。

3 新聞・雑誌・レポートによる買いは危険が多い

新聞や雑誌というと、一見公正中立だというように受けとられる方も多いと思います。もちろんそうした新聞・雑誌はありますが、しかし、すべての新聞や雑誌がそうでしょうか。新聞も雑誌も商売です。売らなければなりませんし、広告も載せなければなりません。業界新聞の大口の購読者は証券会社ですし、広告も出してもらっています。もっと肝心なことは新聞にしろ雑誌にしろ、その記事のニュースソースの多くが証券会社なのです。記事を寄稿している証券マンも少なくありません。そのへんをよく見きわめて下さい。

それを端的にあらわしているのが、株価にとって悪い記事が極端に少ないことです。「これが良いゾ」「あれは暴騰するゾ」式の記事ばかりがよく眼につくものがあります。「今期の経常利益は倍増」「新規事業の電子材料部門が年率三〇%以上の成長を期待」といった記事にしても、記者が直接会社を訪問して取材して書いたものばかりではなく、証券会社の調査機関の報告をそのまま使用している場合もあります。故意にやっていないにしても、証券会社の誇大宣伝の片棒をかつがされていることになる新聞・雑誌も一部にはあるようです。

といって、これらの記事が全く参考にならないかというとそうでもありません。株式市場には流行のような面もありますので、紙面を通じてその時の相場の流れとか性格といったものを汲みとることができます。また、大手証券の動向、狙っている銘柄がわかることもあります。冷静に読み分けるようにすればよいのです。そうはいっても難しいでしょうから、紙面に取り上げられた銘柄の株価がどれくらい値上がりしているか、出来高はどうだったか、などを調べて判断を誤らないようにしたいものです。

レポート屋といわれる会員制の投資情報をやっているのは、元証券会社、業界紙の人たちも多いようです。それだけに特殊な情報ルートを持っていたり、互いに連絡しあって株価操作をやったりしますので、時には「掘り出し物を当てる」こともありますが、法的にはどこにも規制されていませんので、トラブルになってもどうしようもありません。「絶対に儲かるから……」と高い会費を請求したり、しつこく勧誘してくる押しの一手に負けないようにしたいものです。

4 百回（または百冊）本を読むより実際に売買してみよ

囲碁、将棋の本を読んで勉強された方もおられると思いますが、あれは読めば読んだだけの効果があって、ある程度は上達するようです。ゴルフでも同じようなことがいえます。それは単に本を読むだけの机上の空論に終っていないからです。読みながら実戦でその勉強したところを実習して少しずつ上達しているのです。それでも期待したほどにはなかなか腕が上がりません。まして、本を読むだけでは、囲碁でもゴルフでもほとんど上達しないのではないでしょうか。

株式投資でも同じことです。いやむしろ、虎の子のおカネが絡んでいるのでもっと難しいでしょう。早い話が株式投資についていろいろ書いたり話をしている高名な先生方が、株式投資で大儲けしたという話はあまり聞きません。評論家は実戦をしないから冷静な判断ができるのだという人もいますが、それは負け惜しみの一面もあるのでしょう。

まず実行してみることです。実行しながらその実戦に参考になりそうなところを読んでいけばよくわかります。実行するときは、授業料くらいは払うつもりで気楽に始めて下さい。といっても高い授業料を払ってもつまりませんから、少しずつ、そして定期預金にするくらい長期に余裕ある資金で、まず一、〇〇〇株の投資から慣れるようにします。そしてその株価の動き、出来高推移などを毎日みていると、自分の持っている銘柄の株価の居所、くせなどが少しずつわかってくるようになるものです。

それに慣れたら、ついでに他に二、三銘柄関心の持てる銘柄についても同じように毎日みて下さい。そしてそのなかから、いまが買いどきと思ったら、業界見通しなど材料について調べ、自信が持てたら新規投資すればよいわけです。スポーツでよくいう「身体で覚える」というやつです。

5 儲けは次の投資資金に加えるべきだ

資金をふやすために、儲けるために株式投資を始めたのですから、利益がでれば自由に使いたいのは人情です。

未亡人のＥ子さんはご主人の遺された資産の一部で、会社の上司のコーチを受けながら株式投資をやってきました。まだ期間は短いのですが、この一年間で一銘柄だけが値下がりし、他の銘柄はほどほどの利益をあげることができました。もう少し長く持っていればもっと利益があがっていたこともありましたが、それは止むを得ないと割り切っています。値下がりした銘柄は幸い株数も少ないので、他の銘柄で得た利益で充分カバーしており、もうタダも同然なので暫く持続するつもりです。

これは、Ｅ子さんが株式投資の利益をできるだけ再投資に向けて投資資金を少しずつふやしてきたからです。将来はこの資金で小さい店舗を持って自立したい、そういう夢が投資資金に手をつけずに辛抱させてきたのです。

大口の投資家はゆっくり時間をかけて安値を拾って大きな利益をあげていきますが、小口の投資家はせっかちに多くの利益を得たがって焦り、かえって失敗するケースが多いのです。そういう人にかぎって、少し利益があると乾杯などといって飲み代に回してしまったりします。これではいつまでたっても資金がふえません。資金がふえなければ投資の成果も大きくならないことは誰でも判っているはずです。

初めは儲けるという発想ではなく、貯めるという考え方でやるほうがよさそうです。ある程度に達するとそのテンポが早くなってくるものです。そうなってくると株式投資の面白さもわかってくるので、きっと成功率も高くなってくるはずです。

6 仕手株には手を出すな

株式投資を少し経験した人なら誰でも「日経平均はどんどん騰がっているのに、自分の持っている株は騰がらない」という体験があるはずです。そんなときは「他所の花が赤い」式で、隣りの値上がりしている株に気がとられがちです。

Fさんもそういう心理状態のときにセールスマンから声をかけられました。「これはマル秘情報ですが、○○銘柄にはK建設の手が入っています。バックには有力代議士がついています。すでに、一千万株は集めたといいますから大幅値上がり間違いなしです」

まるで見てきたような話ですが、一介のセールスマンにそこまでわかるわけはありません。だいいちマル秘情報がセールスマンにわかるようではマル秘ではありません。しかし、これまでの派手な値動きから「うまくいくかもしれない」とソロバンを弾いて、手持ち株を売って買ってしまいました。

ところがそううまくはいきません。はかばかしく値上がりしないので「会社四季報」を見てみると、繰り越し損が残っているし、今期の収益予想もパッとしない。初めに少しでも調べておけばよかったのにと後悔してもあとの祭り。「これが仕手株というものか」と、またひとつ勉強をした思いがしたものでした。

　仕手株というのは、別にこの銘柄と決まったものではありません。仕手がついて投機的な値動きのする株です。もちろん仕手のつきやすいものとそうでないものとはあります。また、業績がよくないものとも限りませんし、信用銘柄でなくとも仕手筋に狙われて仕手化するものもあります。ただどちらかといえば、あまり資本金の大きくないものが多いようです。したがって、人気のついているときはそれほどでもないのですが、人気が薄れると商いが急速に減って、思ったような値段で売り難くなることがよくあります。そのときは仕手の本尊は売り逃げてしまったあとなのです。

　もっとも、仕手株のすべてがこうだといっているわけではありません。騰げては休み、もう駄目かと思えばまた騰がってくるようなのもあります。しかし、しょせんは仕手に操られた株価の動きで、とても局外者には予想もつきません。運を天にまかせたようなもので、それでもよければどうぞおやりなさい、ということになるわけです。

7 銘柄選択も売買もいっさい人に頼るな

株に投資するということは、その会社の業績や将来性を買うことですが、もうひとつ大事なことは、〝タイミングを買う〟ということです。そのタイミングをとらえて効率よく投資することができればなおよいわけです。しかし、こうなると人それぞれによって意見が違ってきます。

営業成績をあげたいセールスマンは一生懸命です。「技術力はあるし、将来性は間違いなしです。まだまだ騰りますよ」と奨められて買ってしまったら、それが高値でジリジリ値下がりしてしまいました。腹をたててセールスマンをどなりつけてみたものの、セールスマンだって損をさせようと思って奨めたわけではありません。うまくいったときは黙っていて、悪いときだけ叱られてはたまらないと思うでしょう。お互い気まずい思いだけが残ります。それは、セールスマンのいいなりになったほうにも責任があります。

投資歴の長いベテランの友人にちょっと聞いてみました。「なにかいい銘柄はないか」「○

○電機が面白いよ」。それじゃあと信じて買って、値下がりしても苦情をいうわけにはいかないでしょう。そんなことをすれば軽蔑されるだけです。損をするも儲けるのも自分のおカネであるということを忘れてはいけません。どちらにしても悔いが残らないように、自分の責任で銘柄と投資のタイミングを決めて下さい。

そういうと、初めて株式投資をやるのにそんな知識はないといわれるでしょう。誰かくわしい方に教えて貰わなければやれるわけがないというのは当然です。セールスマンや他人の意見を聞くことは決して悪くないのです。ただ、いいなりにならないで、自分もいっしょになって考えて結論を出したほうがベターだということです。そうでないと、いつまでも過保護の子供のように独り立ちができません。儲けるということは、結局は一人歩きでないとできないことなのです。

8 預り証・売買報告書・口座残高はきちんとチェックせよ

資産家とか親分肌の人（といっても本当はそうでもなく見栄を張っているだけなのです）が、「細かいことにはこだわらない。お前を信頼して委せているんだよ」とばかりに、預り証をセールスマンに預けっ放しにすることがよくあります。裏に印鑑が捺してあれば、これはもう株券と変わりません。いつでも売って現金化することができます。

これを預けっ放しにするということは、「据え膳を食え」と誘惑しているようなものです。「手張り」といって、セールスマンが自分の思惑で相場に手を出して失敗したり、遊興費に詰まったりすると、つい一時借用してあとで返せばよいという気になって流用するケースが非常に多いのです。

歯科医のFさんは、熱心に通ってくる若いセールスマンの熱意にほだされて取引を始めました。「先生、先生」と甘えられると悪い気はしなくなって、株の売り買いでもいつか大らかになって、「よきに計え」というカッコをするようになってしまいました。

買ったり売ったりしていると、売るたびに預り証を受け取りにくるのが面倒だというので、裏に署名捺印して持たせておきました。老母の銀行預金の一部をより利回りのよいものということで割引債にのり替えるよう依頼、そのときもチラッと預り証を見せられただけで、「私が保管しておきましょう」というので、その預り証をよく確かめもせずそのままにしておきました。

その後、母が不安がるので預り証でなく債券を持ってくるよう命じると、言を左右にして逃げます。そのうち電話連絡もとれなくなったので、会社の責任者を呼び出すと休んでいるといわれ、あわてて調べてみると、株券は売ってしまってあるし、割引債を買いつけた事実もないというのです。割引債の預り証は他人のものだったようです。

会社の監督責任を追及して長い間不愉快な交渉を続けた結果、割引債を買いつけた証明ができないということで泣き寝入りになり、株券だけは会社が弁済することで表沙汰にしないことになりました。あまり強腰に出ると、預り証に捺印しているので株券ももどってこないことにもなりかねません。会社のほうも表沙汰になると信用に傷がつくので妥協が成立したわけです。

この場合でも、口座残高にあるべき株券が抜けていたのを早くチェックしておけば、事故は早く発見されていたのです。現物を自分が保管しているなどといいくるめられていたのです。そのセールスマンは業界から追放されました。いくら親しくなっても取引はキチンとケジメをつけておかないと、好意がかえってセールスマンも不幸にしてしまう結果となってしまうこともあるのです。

9 株に向く人、不向きな人

株に向かない人のほうからあげたほうがわかりやすいでしょう。まず第一に優柔不断な人で、買うときも売るときも思い切りが悪く、チャンスを逃すことが多いのです。そのあげく、高いところで買って安いときに売ってしまうことになります。こういう人にかぎって愚痴っぽく失敗を他人のせいにしようとします。

つぎに、感情の起伏の激しい人も困りものです。本人は決断力があると思っているのでしょうが、少し値下がりすれば損切りして別の銘柄にのり替えてしまう。こんなことを繰り返していれば証券会社に手数料奉公しているようなものです。儲けてもらいたいと願っているセールスマンだって張り合いがなくなってしまいます。

最も危険なのは投機好きの人です。度胸はあるようですが、勝負に熱中して仕手株に手を出しやすいのです。それも自分の能力の限界を心得ていればいいのですが、こういうタイプは自信も過剰で、無理をしがちです。一度や二度儲けても、三度目にその分全部損をしてしまうことなど珍しくありません。

性格のことではないのですが、本業に忙しい方もあまり向いているとはいえないでしょう。株のことが頭にこびりついていれば仕事に差しさわります。そして仕事がうまくいかなければ株式投資にも悪い影響があります。こういう人は長期投資方針でなければなりません。

こういった人は自分の短所をよく承知して、その弊害がでないよう特に留意して株式投資に対処することが肝要です。

その逆の人が株式投資に向いている人ということになりますが、それにもいろんなタイプがあります。粘り強い人、気性のサッパリした人、勝負度胸のある人、柔軟な考え方のできる人、こまめに研究する人など……。その人それぞれに合った投資の仕方を早く見つけることができれば、より成功率は高まるでしょう。

向いている人の長所を少しでも多く身につけるように、そして不向きな短所を少しでも多く押さえるように、持って生まれた性格だから変えられないといってしまえばそれまでですが、努力次第で向上の余地はあると思います。楽をして儲かるなら話はうますぎます。目に見えないところで努力をしている人、それが一番成功する人ではないでしょうか。

第4章

株式投資実戦の基礎

1 株の儲けは小刻みに、回数を多く取れ

某社の株価推移をみてみましょう。

月　間	高　値	安　値
1 月	149 円	● 129 円
2	153	132
3	145	131
4	148	136
5	173	136
6	205	146
7	285	201
8	242	188
9	211	197
10	229	200
11	● 307	205
12	280	250

某社の年間最安値は一月の一二九円、年間最高値は十一月の三〇七円です。仮に一月の最安値一二九円で買って、十一月の最高値三〇七円で売ったとします。その値幅は一七八円です。一七八円の値幅を確実に取る。こんなことは人間技ではできることではありません。結果として計算できるだけのことです。

では、それに近いことはできないものでしょうか。それができるのです。その方法があるのです。

さてその方法とは。次のようにやればよいわけです。

①　まず本書で述べている月間安値を中心とした買い目ゾーンを出します。もちろんプラス・マイナスの許容誤差は株価推移によって決めます。その付近で買うことにします。

②　後述の「相場環境と収益目標」を参考に利食いし、様子をみて同じこと（注＝①と②）を繰り返します。

これだけのことを注意してやるわけです。すると、間違いなくうまくいきます。

(1)　時間と確率

[A]　Aさんは一人で一〇〇個の栗を拾う、ということが目的ですが、広い広い栗山をかけ

めぐって隅から隅まで探す。トゲがあるかも知れないし、ヘビがいるかも知れない。また、つる草に足をとられて転倒することもあるでしょう。一人で一〇〇個も拾うのですから、息はきれ、ハアハアゼイゼイ。栗が大きかろうが小さかろうが、実が入っていようが入ってなかろうが、そんなことにいちいち気をつかっている暇はありません。やがて、つるべ落としに秋の日は——冷気身をさす暗い山道を肩を落としてトボトボと、目標の一〇〇個には半分も満たない軽いカゴを下げたAさんは、Bさん一家の待つ山小屋の戸を倒れるようにして押すということになります。

時間と確率。悪くても仕方がないというわけです。

B　Bさん一家は五人もいる。探す区域も決めた。主人は長い竿で栗の木をつっついて実を落とす。奥さんは落ち葉や草をかきわけて栗の実を拾う。木登りの上手な次男はてっぺんまで登り枝をゆすってイガごと落とす。長女は半時間もしないうちに目標の二〇個を拾い、あと二〇個探すんだという余裕さえある。役に立たないのは長男、拾った先から食べてばかりいるのであまり残らない。それでも一五個はあったでしょう。

それぞれ持ち寄った栗の実を集計してみたら、なんと合計は三七一個。トップは奥さんの七五個でした。かかった時間は、約二時間半でした。空はどこまでも青く高く、時折白い雲が頭の上を急いですぎ去るだけ。赤トンボ、谷間の紅葉、落ち葉をゆっくり踏みしめながらS状にくねった山小屋へと続く道を通って、Bさん一家は帰っていったというわけです。時間と確率、欠点などどこにもあるわけがありません。これは私が体験したことであってフィクションではありません。

こうしたわかりきった合理的な情景を、株式投資におきかえて考えてみましょう。

(2) 期間（時間）と確率

[A] 元金一〇〇万円を一銘柄に投資する。二～三倍以上に値上がりするのを待つ。期間については、銘柄によって長短があるでしょう。確率についていえば、二倍高くらいは心配ないだろうが、三倍以上となるとむずかしい。これも銘柄によりけりで一概にはいえないが、期間についても確率についても不確定で、どうもはっきりしない。

[B] 二〇万円前後～三〇万円ぐらいで買える銘柄に分散投資する。一〇〇万円もあれば数銘柄買えます。あとの「相場環境と収益目標」を参考に売却する。売ったら次の買い目ゾー

ン近くにある銘柄を買う。これを繰り返すだけでいいのです。

期間と確率については、実際にやってみられたらわかりますが、早くて確実で実に愉快、もうこれ以上の方法はないと思われます。

では収益面ではどうか。論ずるまでもないことで、よほど銘柄選択でも誤らなければ、断然こちらの勝ちです。

結論としていうと、「短期投資の場合は、儲けは小刻みに回数多く取るのがよい」また「一銘柄に資金を集中するよりも、数銘柄に分散投資したほうがよい」ということになります。

2 銘柄選択の要点

(1) 週間出来高および信用残による株価の勢いの分類

〝株価の勢い〟を知る必要がありますが、それも各個バラバラに知ればよいというものではなく、最も効果的に活かすために、その〝勢い〟を分類して把握することが大切です。

そこで「週間出来高」および「信用残」により〝勢いの分類と順位〟をつかむためには、次のようにしてやります。

まず、基本的な事項についてまとめますと、次頁の表の通りとなります。これが〝勢いの分類〟をするうえで、きわめて重要なポイントの一つとなります。

次は強弱の順位をみる番ですが、順位は表から次のように判断します。

つまり、

「１・２ＢＯＸ」＝底値圏＝弱

「3・4BOX」＝漸騰圏＝小強

「4・5BOX」＝急・高騰圏＝中強

「5・6BOX」＝天上圏＝最強

勢いの分類と順位

BOX	単　位
1　BOX	数　千　株　台
2　BOX	数　万　株　台
3　BOX	数 十 万 株 台
4　BOX	数 百 万 株 台
5　BOX	数 千 万 株 台
6　BOX	数　億　株　台
7　BOX	数 十 億 株 台

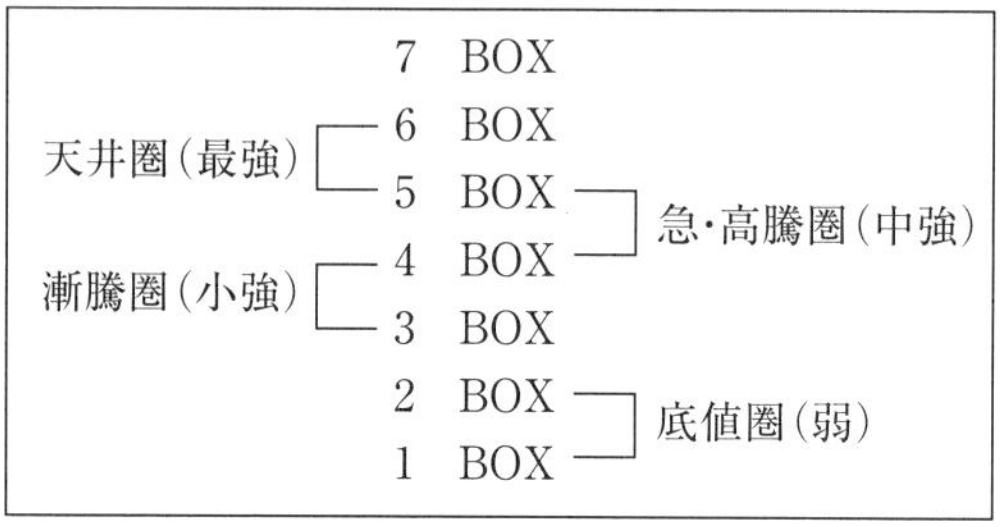

ということです。順位は「弱より小強が強く」「小強より中強」「中強より最強」が強い、ということは言うまでもありません。

ここで絶対に見落としてはならないことは「出来高や信用残」が「最強または中強」の位置にある時は〝目下、この相場は天井圏でもある〟ということです。

したがって、この辺が週間、月間、年間のいずれかの天井であるはずです。株式投資をする場合、これを見極めることが大事なことです。

話は変わりますが、私の株の先生は、

「株価は急・高騰または大化けするためには、つねに継続的に〝中強または最強〟の出来高や信用残が続いていなければならない」

と言われました。なるほどその通りです。これは体験上、十分確信が持てることですので、大いに注意して、あなたの投資活動に生かして下さい。

(2)　「物価的中秘伝・株価動向分類法」について

買付けする場合は、まず「物価的中秘伝・株価動向分類法」にもとづいて買付け株のポジションを知ることが大切です。これを無視して手あたり次第に買付けしても、買付けの方針

物価的中秘伝・株価動向分類表

	株価	出来高	信用残（売残）	信用残（買残）	株価動向（初期）	株価動向（末期）
① 最強パターン	高値更新中	５ＢＯＸ以上で増加傾向	５ＢＯＸ以上で増加傾向	５ＢＯＸ以上で増加傾向	天井へ向かう	反落する
② 中強パターン	高値更新中	５ＢＯＸ以上で増加傾向	３ＢＯＸまたは４ＢＯＸ以上で増加傾向	４ＢＯＸまたは５ＢＯＸ以上で増加傾向	急騰する	反落する
③ 小強パターン	高値更新中	３ＢＯＸまたは４ＢＯＸ以上で増加傾向	３ＢＯＸ以上で増加傾向	４ＢＯＸ以上で増加傾向	漸騰する	反落する

〔特注〕 各パターンとも、株価・出来高・信用残（売残・買残）が減少しはじめたら、この株はすでに末期（反落）に入ったとみて間違いありません。買付けする場合のタイミングは、各パターンとも「初期現象が出た時点」がベストとなります。これを見落してはなんにもなりません（拙著『中国道教開運術』（同友館刊。ペンネーム鄧馨中）、一九七頁）。

が狂うばかりでなく、せっかく買付けしても株の儲けにはつながりません。よく注意してみていきます。

最短コースで株に勝つには、前頁の表で「出来高」「信用残」が「中強パターン」「最強パターン」となった「その初期を狙えばよい」ということになります。

では一体どんな基準を持って「初期」を見定めるのかということですが、物価的中秘伝の「投資心得」には、次のように書いてあります。「各パターンの初期は、値上がり形式によって審料すべし」ということですから「値上がり形式（同化法を含む）」が出たら、その株は株価動向でいう「初期状態」にあるわけで、「急騰する、天井へ向かう」とみて間違いありません。銘柄選択のポイントはここにあります。

『物価的中秘伝』これは、私が、香港の株の大家李先生から直伝を受けた「株式投資の秘伝書」なのです。とにかく抜群の株価予測法といえます。

私が巨額の借金を返済できたのも、株式投資に対して「未来への夢と希望、絶大なる確信と満幅の自信」を持てたのも李先生の御指導のお陰です。

「六カ月先の株価を的確に予測する」というこの物価的中秘伝を、私は別名『ブック式株価予測コンピューター』と呼んでいます。そのことについてはあとで説明するとして、まず次の記事を読んでみましょう。

「中国は古くから銀本位制をとっていた。だから銀相場、すなわち銀の投機が行われていたのは当然である。

清の中期に陳雅山という相場師がいた。若くして投機に志し、死ぬまで他の事は何もせず、銀の売買を続けた。だが彼が生きているあいだには、巨万の富を得たどころか大儲けをしたという噂すらたたなかった。それほどに彼の売買は目立たなかったのである。

しかし彼の死後、残した遺産は数百万両《テール》（アヘン戦争の賠償金と同じくらい）にのぼることがわかり、いかに着実に相場で利益を得ていたか、人びとを驚かせるのに十分であった。

さらに、彼の書房からはおびただしい相場書、資料とともに彼自身の研究ノートが発見された。その一部は「富致録」と題され、ごく少数が版刻された。

しかし、それはきわめて抽象的で、いわゆる彼の相場哲学のようなものに過ぎず、彼の秘奥としていたものは「中源線」と呼ばれるケイ線であり、売買法であったのだ。

中源線は、世界にも例をみない逆張りの売買法を法則化したものだが、その神髄は生前に刎頸《ふんけい》の友にのみ伝えられたという。

以上は伝説である。日本の本間宗久と好一対をなす伝説で、時代も同じくらいであるが模倣ではなさそうである。

また好感が持てるのは、本間宗久が高利貸し資本の蓄積によって政治に進出したのに対して、こちらは官位を望まず、死ぬまで相場を張りつづけたということと、本間宗久が天資機才を持ち、百戦百勝と神がかっているのと違って、刻苦の末に自分なりに売買法を持ったということだ」（林輝太郎著『脱アマ相場必勝法』同友館）

私が物価的中秘伝の講義を受けた時も、この記事に書いてある「富致録」「中源線」という言葉を先生の口から何度も聞きました。とすれば、物価的中秘伝もこの流れのひとつであろうと思われます。「『富致録』とか『中源線』の断片が今も残っており、比較的首尾一貫している流布本もあるのだ」（前掲書二二二頁、傍点筆者）と書いてある通りです。

それでは株式投資に用いてみて現実にどうであったのか。この方法で売買してみると、確かに儲かるのです。したがって確実に利益を上げることができたのです。

そこで、私なりに自信と確信をもって、「この方法」を説明していきたいと思います。

【注】この『物価的中秘伝』という同一書名のものが巷間にあるかもしれません。しかしそれらのものとは原理も内容も全く異質のものであることを、予めお断りしておきます。

3 物価的中秘伝の値上がり形式

株価を動かす要因は非常に多様にあります。たとえば、企業収益、配当、財務内容、資本成長、景気、金融、インフレ、世界経済、デノミ・資産再評価、政治、労働問題、株式需給、仕手など、その他無数の要因によって株価は形成されているわけです。その株価の動向を的確にとらえたのが、物価的中秘伝の各形式であるということになります。

では、これから早速「代表的な値上がり形式」について解説していきましょう。形式を覚えると「この形式が出たら株価は必ず値上がりする」ということが一目でわかります。したがって、物価的中秘伝は、銘柄選択（あるいは、株式買付け）時に用いて最大の効果が発揮されます。

では説明に移りましょう。まず、このやり方ですが、株価月間高値を前月と比較してグラフに記入していくことから始まります。それは、

「前月より株価が上がっていたら、傍線を上へ」

「下がっていたら傍線を下へ」

というように、グラフに記入していきます。これは巷間おこなわれているチャート（ローソク足）式のものではありません。

〝基点は株式買付け月の前月、期間はそれから過去六カ月間〟でみます。

実例を使って説明しましょう。そのほうが理解が早いと思います。ここでは、物価的中秘伝でいう株価の値上がりを示すグラフ形式「Ａ５」「Ｂ５」「Ｂ８」「Ｃ１」「Ｃ２」「Ｄ３」「Ｄ５」「Ｅ４」「Ｇ５」「Ｈ５」「Ｈ６」という一一の形式について、順をおって解説してみましょう。

④「A5」形式

某社の月間高低は次頁の表の通りでした。

① 株式買付け月は、七月。

② 基点は六月。期間はそれより過去六カ月間ですから、一月までです。

これをグラフに書きます。一月との比較は前年十二月（ともに高値で比較）となります。

㋑ 一月は上がっているので傍線を上へ

㋺ 二月も上がっているので傍線を上へ

㋩ 三月も上がっているので傍線を上へ

㊁ 四月も上がっているので傍線を上へ

㋭ 五月は下がっているので傍線を下へ

㋬ 六月は上がっているので傍線を上へ

と、こういった要領でグラフに記入していくわけです。以下これにならって下さい。

株価グラフ・A5形式

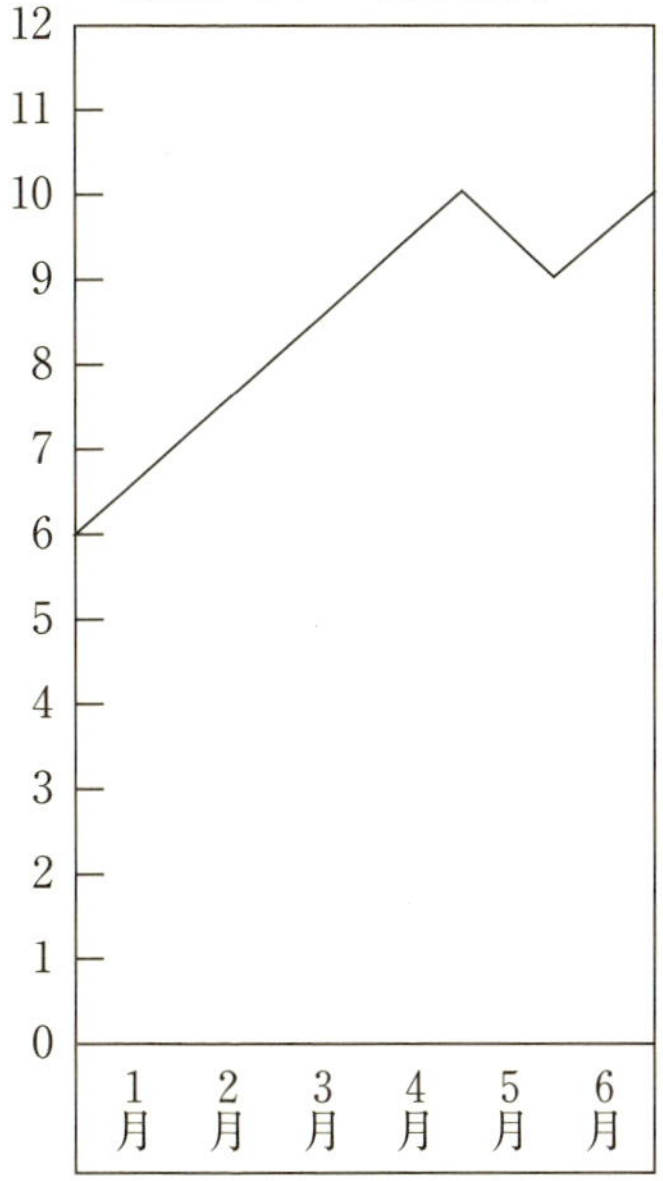

某社の株価推移

A5形式	月	高値	安値
	12	285円	247円
上	1	289	270
上	2	317	270
上・	3	334	287
上	4	389	320
下	5	386	310
上	6	491	301
	7	572	454
	8	577	490

なお、二カ月～三カ月株価が同じような場合は、次の月の株価をみて、上がっていたら傍線を上へ、下がっていたら下へ向けて記入します。

では出来上がったグラフをみてみましょう。前頁の図のように簡単なものになります。

この形式を「Ａ５」形式といって、株価はこの先、上がるという予測形式です。原文には、次のように書いてあります。

「物価的中秘伝・Ａ5形式」原文

強烈的現象、是在非常有利運的時候、多聴前輩的意見和自己做充分的判断、也有得到高利的可能。

結果はどうなったか。七月の月間安値は四五四円（三日）、同月の高値は五七二円（三十日）となりました。

物価的中秘伝の株価予測も成功です。「売り」については、前にも述べました通り「ここで売り」という決定的表示はありません。適当なところで利食いする必要があります。

何かの本で読んだ記憶があります。

「大欲は無欲に似たり腹八分、怪我のないのがなによりと知れ」

5 「B5」形式

次は某社です。さっそく、株価月間高低をみながら、グラフを作成してみましょう。グラフに表せば次頁のようになります。

できあがったら、上がる形式かどうかを規定のパターンにあてはめてみます。この場合は「B５」という形式です。原文をみてみましょう。

「物価的中秘伝・B５形式」原文

雖有漸漲現象的形式、但要自重、不着急、踏実地進行的話、能得到効果及利益。

と書いてあります。

株価は、先行き「上がる」ということを示しています。躊躇なく買いです。

結果はどうなったかは次頁の表をみて下さい。四月安値は一八八円（七日）、同高値は二二五円（二十五日）、五月高値は二五六円（二日）となりました。最高値では売れませんで

株価グラフ・B５形式

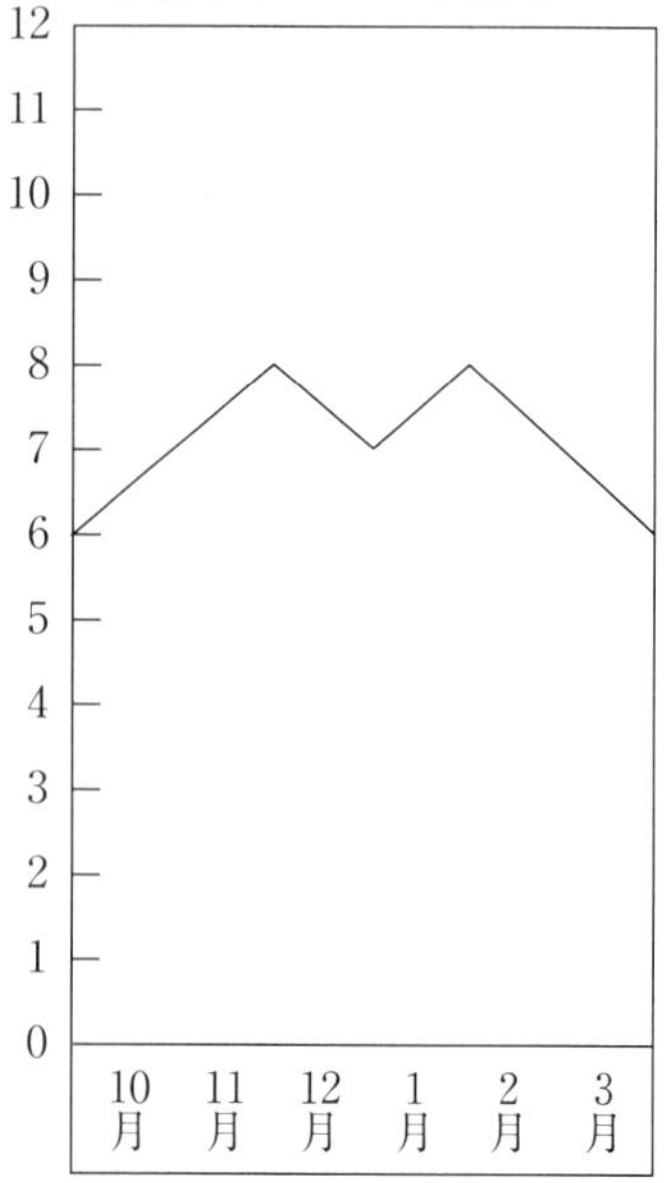

某社の株価推移

B５形式

	月	高値	安値
	9	174円	158円
上	10	184	172
上	11	220	176
下・	12	205	181
上	1	219	200
下	2	207	185
下	3	205	176
	4	225	188
	5	256	208
	6	245	208

したが、十分すぎる儲けとなりました。「株をやって良かった」と、心の底から本当にそう思える一戦でした。

別に誇張して言う気はありませんが、「物価的中秘伝」これがあれば、なんで株に勝つために神の守護を必要としましょう。

6 「B8」形式

次の例をみてみましょう。

まず、月間高低表の作成から作業開始です。次にこれをグラフに記入する、ということは前と同じです。

グラフは次頁のようになります。

この月間高低表は、銘柄別に一年間単位で作成保存しておけば何かと便利です。なぜなら、こうしておくと次の買う時期がすぐわかるからです。

この形式は「B8」という形式です。原文には、次のように書いてあります。

「物価的中秘伝・B8形式」原文

目前雖穏定、但以先見之明買進的話有利。待時機降臨時、勢必高漲、有大利可得。

結果はどうなったか？　値上がり形式に間違いありませんでした。

株価グラフ・B８形式

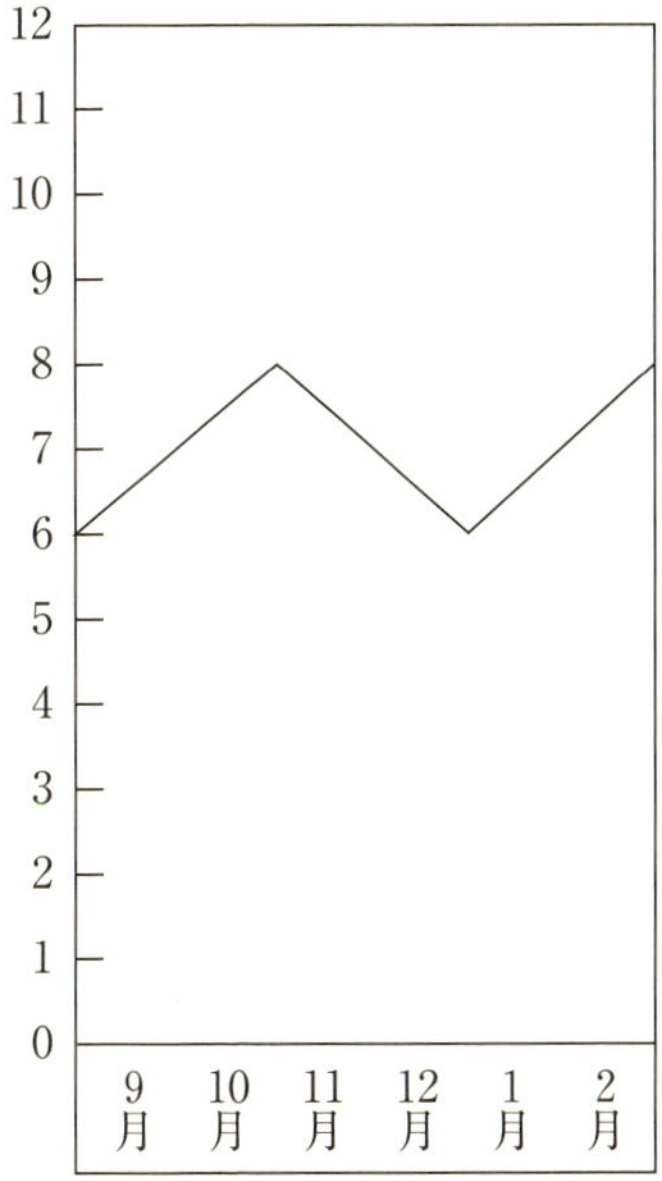

某社の株価推移

B８形式	月	高値	安値
	8	335円	308円
上	9	355	319
上	10	392	343
下	11	364	332
下	12	350	311
上	1	565	357
上	2	614	491
	3	513	442
	4	620	471

三月安値は四四二円（二十六日）

四月高値は六二〇円（十六日）

となりました。この銘柄も、十分すぎる儲けとなりました。「株をやって良かった」と、心の底から本当にそう思える一戦でした。

7 「C1」形式

月間高低は次頁の表の通りです。
当年二月に株式を買付けます。
基点は一月、期間はそれより過去六カ月ですから、前年八月までです。
では、これをグラフ化してみましょう。
この場合は「Ｃ１」という形式です。

「物価的中秘伝・C1形式」原文

上張之後勢必下跌、所以一切都有機敏的需要、穏妥地進行売買的話、照形式看来、有相当的利益。

ということで、これも値上がり形式です。結果は次のようになりました。
二月安値は二七四円（一日）

株価グラフ・C１形式

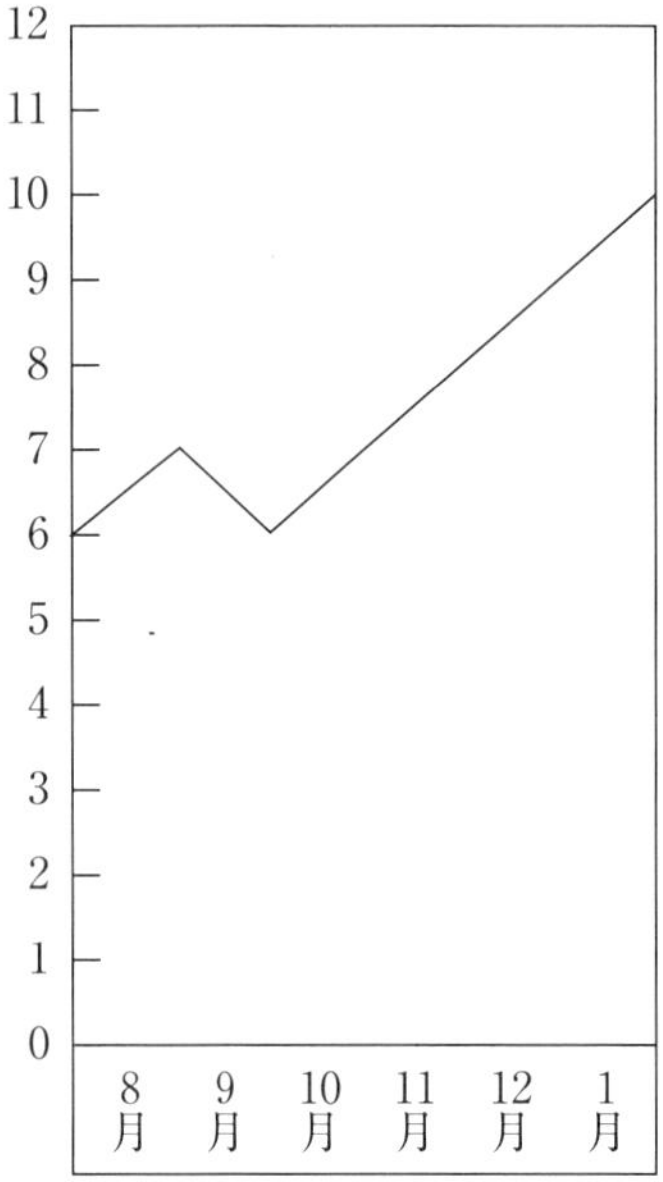

某社の株価推移

C１形式	月	高値	安値
	7	235円	216円
上	8	242	219
下	9	237	222
上	10	242	220
・上	11	253	225
上	12	299	232
上	1	314	275
	2	329	274
	3	354	297
	4	368	318
	5	402	340
	6	405	346

二月高値は三二九円（七日）

三月高値は三五四円（二十七日）

でした。物価的中秘伝の株価予測はまたまた大成功でした。

私は、この「物価的中秘伝」と、株式買付け時に用いて最大の力を発揮する「中源線発秘・五段掛けの秘法」は、この世に二つとない株式投資の最高奥義であると思います。同じようなやり方や類本は他にもありましょうが、我が「物価的中秘伝」において初めて画竜点睛がなされ、霊肉踊る魂の躍動を見たのです。

8 「C2」形式

次は某社です。果たして株価は上がるのかどうか。物価的中秘伝で調べてみましょう。
次頁のグラフは「Ｃ２」形式です。株価は上がります。参考のため原文をみてみましょう。
ということです。

「物価的中秘伝・C2形式」原文

因競争激烈而暴漲、可説是獲得高利的好機会。起初有点艱難、可是積極地去做的話、有高利可獲。

私は、株式塾に通う〝生徒〟たちに、「某社の株は上がりますよ」と断言しておきました。
数名の生徒が買ったと思います。なんと株価は、
八月安値は三〇二円（四日）
八月高値は四〇〇円（三十一日）でした。

株価グラフ・Ｃ２形式

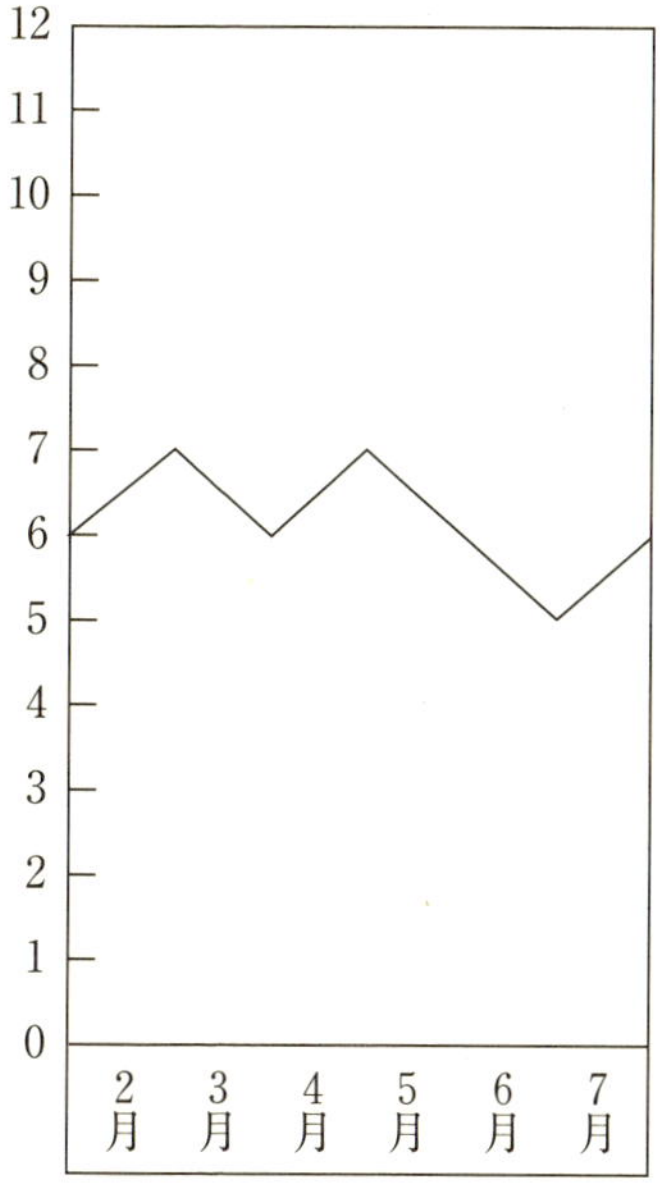

某社の株価推移

C2形式	月	高値	安値
	1	297円	270円
上	2	312	275
下	3	285	261
上	4	333	272
・下	5	328	285
下	6	300	270
上	7	323	280
	8	400	302

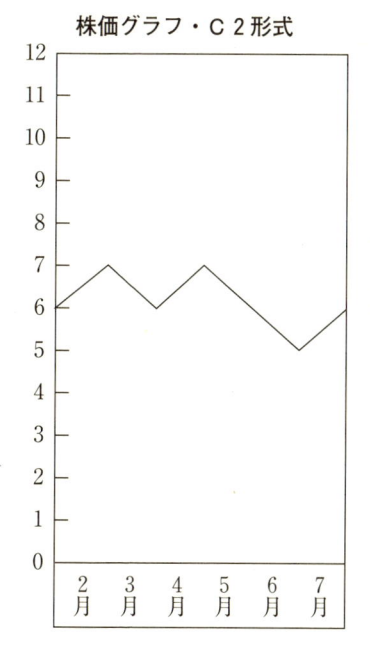

9 「D3」形式

某社の十二月〜五月の例です。月間高低とグラフは次頁の通りです。

株式買付月は六月。基点は前月の五月。期間はそれより過去六カ月間ですから、十二月までということになります。このグラフの形式を「D3」形式といいます。

> **「物価的中秘伝・D3形式」原文**
>
> 実際上是很強的、可是較難上漲、小波動也好、将来必定会上漲、但照形式看来大概会成功、可是跌少利厚。

と原文には書いてあります。これも、値上がり形式です。結果はどうなったか?

六月安値は、二五〇円（一日）

六月高値は、三三六円（二十日）

このように、物価的中秘伝の株価予測はいつも的確です。

株価グラフ・D 3形式

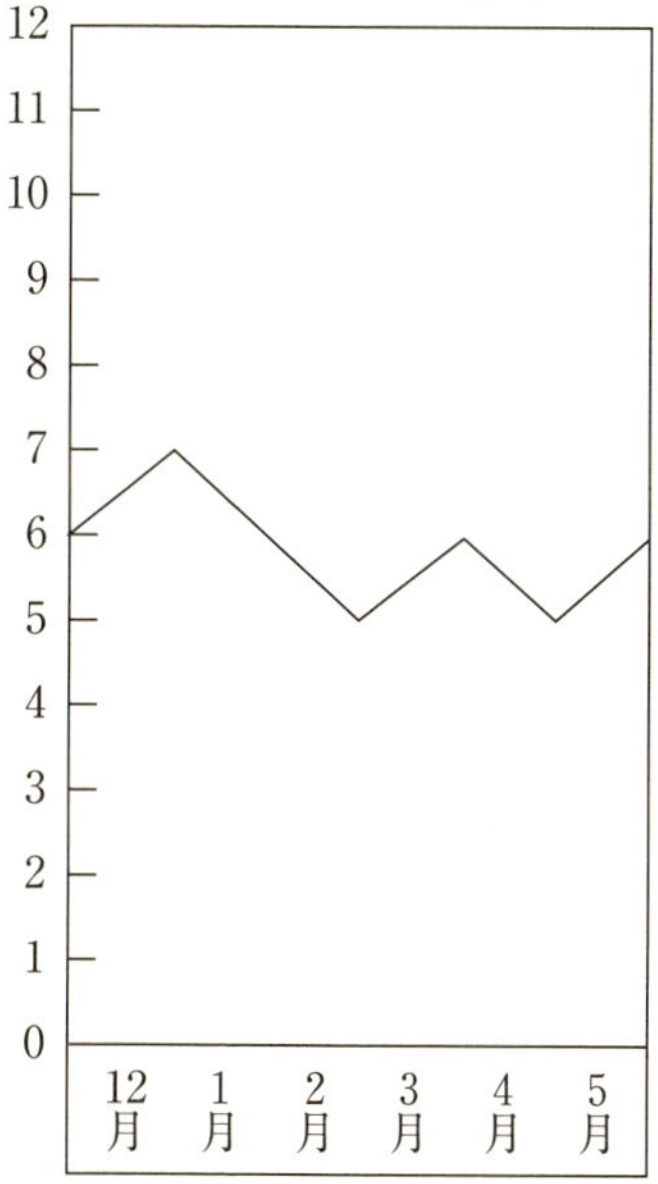

某社の株価推移

D3形式	月	高値	安値
	11	252円	235円
上	12	290	234
下	1	288	250
下・	2	260	239
上	3	302	236
下	4	301	263
上	5	303	252
	6	336	250
	7	341	260

10 「D5」形式

某社の月間高低は次の通りです。

この形式を「D5」形式といいます。では原文を見てみましょう。

「物価的中秘伝・D5形式」原文

有看漲的傾向、但漲不上的形式、将来会漲、有漲到頂点的可能。改変向来的方針、有利可得。

この形式もよく値上がりします。

株価グラフ・Ｄ５形式

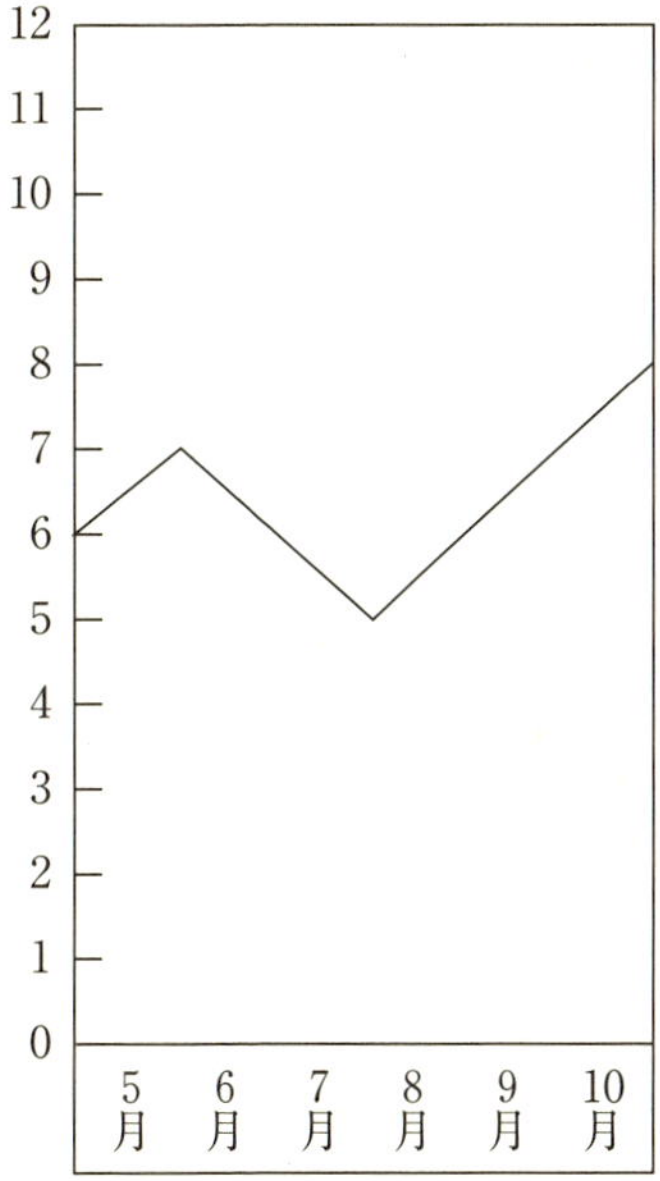

某社の株価推移

Ｄ５形式	月	高値	安値
	1	912円	790円
	2	1,090	871
	3	1,240	1,040
	4	1,530	1,220
上	5	1,640	1,250
下	6	1,580	1,280
下・	7	1,380	1,120
上	8	1,480	1,190
上	9	1,480	1,280
上	10	1,490	1,150
	11	1,470	1,170
	12	1,550	1,340

⑪ 「E4」形式

某社の月間高低は次頁の表の通りです。さっそくグラフを作ってみましょう。

この形式を「Ｅ４」形式といいます。株価はこの先、上がるという指示です。では、原文をみてみましょう。

「物価的中秘伝・E4形式」原文

現在再高也必将下跌。要機智地待機進退。一切都以急進的方針較好、利益也有。

ではその後、株価はどうなったか。

二月安値は二八五円（四日）

三月高値は三六四円（二十二日）

となりました。ただこれだけのことで相当な利を得ることができます。まさに株の醍醐味ここにありということができます。

株価グラフ・E４形式

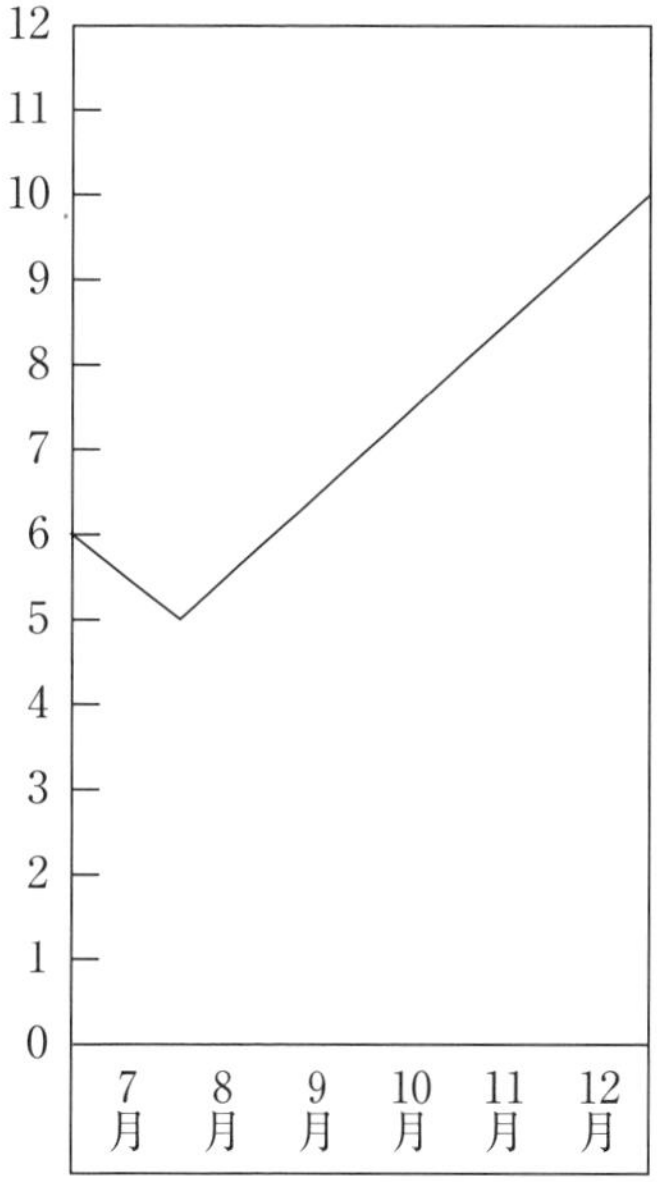

某社の株価推移

E４形式	月	高値	安値
	6	230円	198円
下	7	228	215
上	8	230	208
上	9	234	210
・上	10	274	219
上	11	290	251
上	12	300	252
	1	333	289
	2	313	285
	3	364	300

12 「G5」形式

某社の月間高低は次頁の表の通りです。

この形式を「G5」形式といいます。では原文を見てみましょう。

「物価的中秘伝・G5形式」原文

乱漲跌之後、高漲的形式。起先雖有不利、但往後変為順利、有厚利可得。

この形式も代表的な値上がり形式です。

株価グラフ・Ｇ５形式

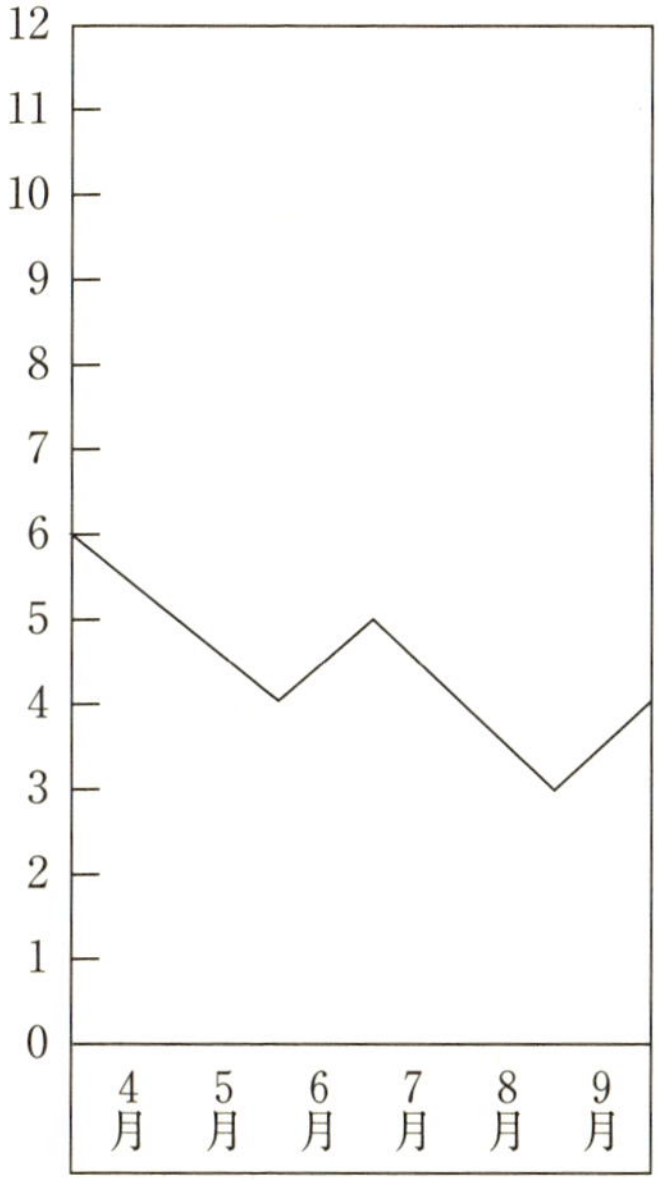

某社の株価推移

G5形式	月	高値	安値
	3	1,970円	1440円
下	4	1,650	1,310
下	5	1,560	1,360
上	6	1,640	1,360
・下	7	1,510	1,320
下	8	1,500	1,320
上	9	1,510	1,360
	10	1,520	1,130
	11	1,200	930
	12	1,210	950
	1	1,280	940
	2	1,420	1,100

13 「H5」形式

株価グラフと月間高低は次頁の表の通りです。

「物価的中秘伝・H5形式」原文

有上漲的味道、但不急漲、而是慢々上漲的形式、買、売都順利、而有利可得、要注意別乗勢招来失敗。

自分の買った株が日々上昇してくると、本当になんともいえない気持ちです。心が浮き浮きしてきます。頭の中がかーっと熱く燃えてきます。こういう時は怒りも悩みも苦しみも、そして世の雑多な取るに足らぬすべての葛藤から心が解放されていくようです。

この銘柄も値上がりしました。物価的中秘伝の予測も成功です。まるで雲にのったような、世界最高の栄誉を我が身に受けたような、そんな気分でした。株のダイゴ味です。

この形式は相場軟調時によく出る、よく値上がりする形式です。

株価グラフ・Ｈ５形式

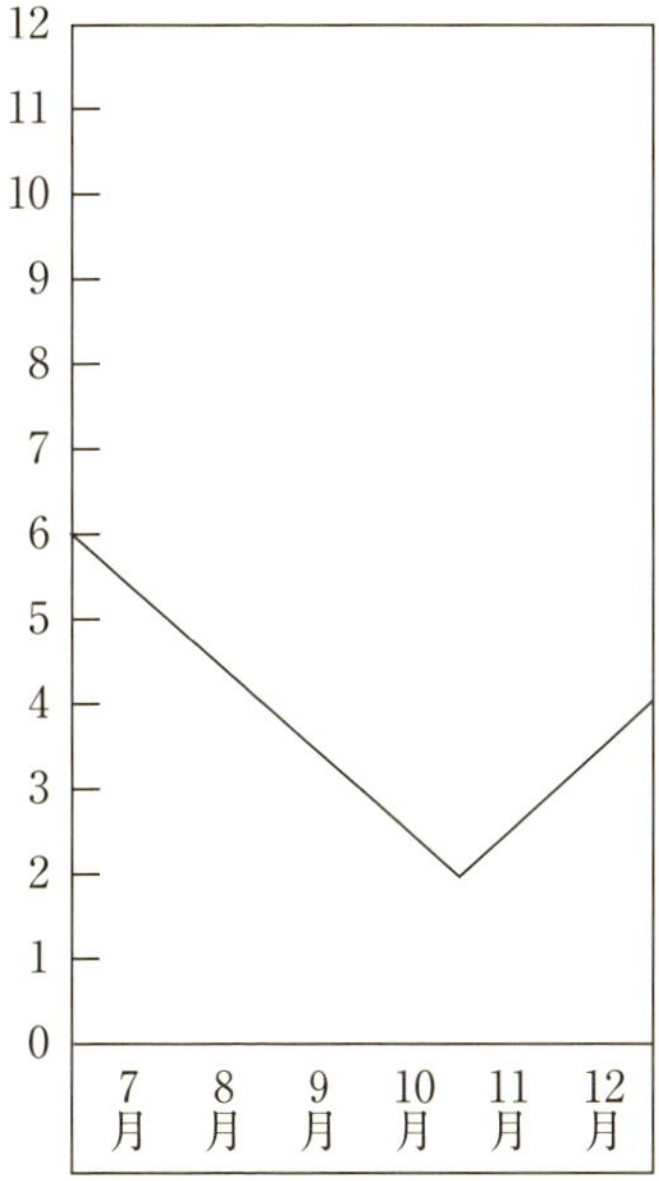

某社の株価推移

H5形式	月	高値	安値
	6	864円	705円
下	7	829	656
下	8	781	660
下	9	780	665
・下	10	747	587
上	11	820	520
上	12	1,100	750
	1	1,210	930
	2	1,120	930
	3	1,120	942
	4	1,090	935
	5	1,090	960

14 「H6」形式

某社の例です。グラフと月間高低は次頁の表の通りです。

「物価的中秘伝・H6形式」原文

行情看漲的形式、従低価漸次上漲。多聴前輩老友及有識之士的意見進行的話、有利可得。

この形式も、相場軟調時に代表的によく出る、よく値上がりする形式です。

以上、代表的値上がり形式の一部、一一形式について述べてきました。

ただし、物価的中秘伝で値上がり形式が出たからといって、すぐに飛びつき買いをする必要はありません。定石に従ってユックリ買付けます。

話は変わりますが、私など一日に一〇〇枚近い「銘柄診断表」を書いています。こうしておけば、どの銘柄が買い時期に来ているか、いつごろ値上がりするかは、掌《たなごころ》を指すように

株価グラフ・H6形式

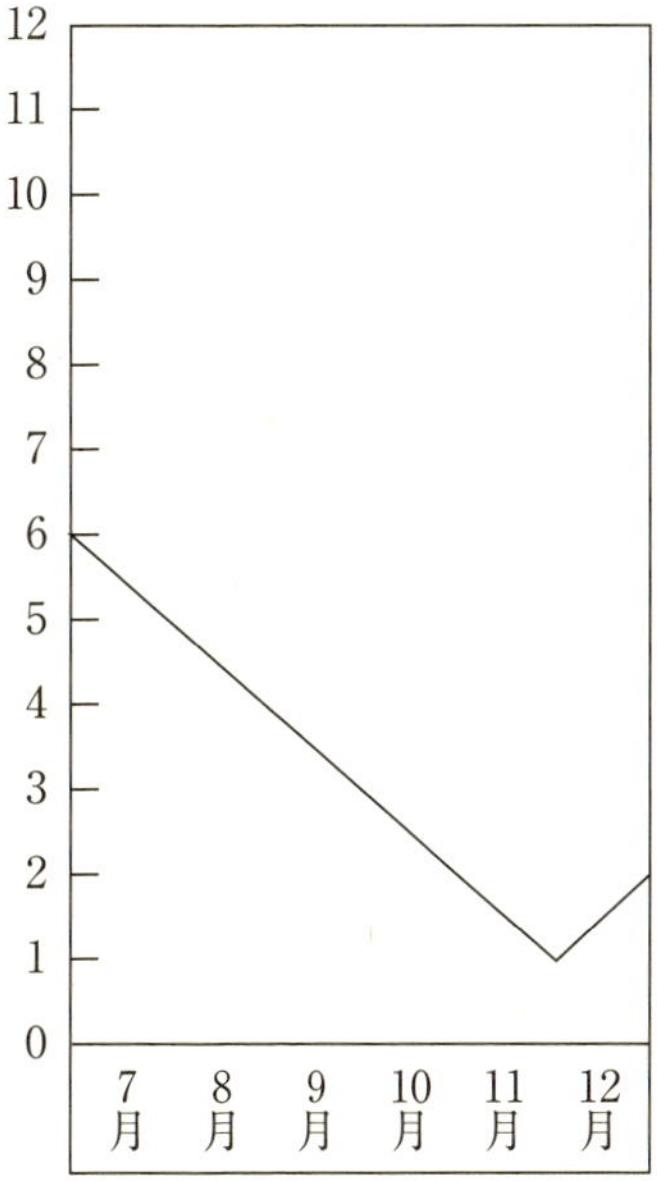

某社の株価推移

H6形式	月	高値	安値
	6	1,970円	1,590円
下	7	1,850	1,600
下	8	1,850	1,670
下・下	9	1,730	1,630
	10	1,700	1,400
下	11	1,500	1,210
上	12	1,540	1,360
	1	1,600	1,390
	2	1,690	1,490
	3	1,610	1,510
	4	1,720	1,520
	5	1,690	1,500

わかるものです。何百何千回と売買を経験し、その一つ一つに心血をそそいで研鑽《けんさん》を積めば、その結果、誰でも株に開眼することができると思います。要は日ごろからの努力の積み重ねが大切なのです。

読者の中から、「値上がりする株が前もってそれくらい見事に予測できるのであれば、お前はとっくに長者番付の上位に名前が出ているはずではないか」とか、「さぞかしよく儲けただろう」との質問を受けそうですが、答えは「ノー」です。現在のところ高額所得者番付には名前は出ていません。将来は出るかもしれません。物価的中秘伝は絶対だと信じています。とにかく、上がるという形式が出たら必ず株価は上がるのです。

ただ私は、一〇〇%的中するところまでの自信がないのです。それは、将来起こるかも知れないありとあらゆる事件をあらかじめ考えに入れて株価予測をするなど、まったく不可能に近いからなのです。もう一つは、いかに立派で最高のものであっても、それを運用する者の能力なり習練の問題であると思います。とにかく株の上手下手は技術の優劣で決まるといっても過言ではありません。

私のここ二〇余年間の投資確率は「九六%」でした。百回売買して九六回の勝ちということです。残り四回はトントン切りでした。誇張して言うのではありませんが、これなら立派な成績だと自負しています。

さて、物価的中秘伝の形式は、各形式ごとの「株価高・低転換点」をいれますと、全部で一九二形式あります。さらに、各形式ごとにそれぞれ「投資心得」というものがあります。それは、その形式によって、株価推移をみながら「静観したほうがよいのか、積極買いの方針でいくべきか」をハッキリ明示している奥義秘伝です。それらを駆使してこそはじめて投資成果をあげることができるわけです。

したがって、本書で述べた形式が出たからといって速攻買いするなどの軽挙妄動は厳にお慎み下さい。本意に書いてある形式が出た。上がるかどうか、この株は楽しみだなーくらいにお考えいただいたらよろしいかと思います。

なお、私は最近、物価的中秘伝の全形式より「値上がりする形式」を分類抽出し、

『物価的中秘伝天書評註』（Ａ一～Ｄ八形式まで）

『物価的中秘伝地書評註』（Ｅ一～Ｈ八形式まで）

『物価的中秘伝最高奥義』（全値上がり形式と、投資心得付）

の三書にまとめました。目下、これは非売品としています。何も、私は、この術を出し惜しみしようとするものではありません。理由は「誤用」されるのを気づかうがゆえです。

ハサミを例にとっても、使い方によっては本来の使用目的を達する場合と、凶器にさえなることがあります。要は、いかに立派で最高のものであっても、それを運用する者の能力なり習練の問題があると思います。また、株の上手下手は、売買技術の優劣で決まるといっても過言ではありません。

私は株の専門家でもなければ投資コンサルタントが主な仕事でもありません。本書の執筆もいわゆる〝客寄せ〟でもなんでもなく、あくまでも体験発表と思ってまとめている次第です。

この本をお読みになって、『物価的中秘伝』について、もっと詳しく知りたい方はハガキでご一報下さい。物価的中秘伝に関する講義は毎月おこなっております。なお、遠方の方でどうしても毎月受講不可能な方は一日直伝を受けたらよろしいかと思います。それなら、私も喜んで、誠心誠意余すところなくお伝えする所存です。

「物価的中秘伝」は絶対であり、完全に近いものです。これを味得することこそ、株式開眼への捷径なのです。必ずや無量悠大なる希望と、輝かしき一大光明が得られるでありましよう。

【お断り】

電話やお手紙による、本書の内容に関する質問は一切ご遠慮下さい。なぜなら、何日も前から予約され遠方から来られている受講者の貴重な時間を蚕食することになるからです。受講希望者はハガキに「株案内希望」と書いてお申し込み下さい。すぐ案内書をお送りします。

15 株の上手下手は「テキライ」で決まる

株の売買が上達しても「テキライ」が上手に出来ないようでは、名人上手とも一人前とも言えません。「買う・売る・切る」が上手に出来てはじめて、株の世界では一人前と言えるのです。「トントン切りや損切り」が上手に出来てはじめて、株の世界では一人前と言えるのです。「トントン切りや損切り」については別行で述べていますが、ここでもう一度「切る」ということについて考えてみたいと思います。切るということは、ことのほか重要な意味を持っているものです。

そもそも「テキライ（摘蕾）」とは、農作業の一環なのです。本には次のように書いてあります。「花がたくさん咲いて必要以上の実がなると、樹勢が消耗して栄養分が行き渡らない実ができてしまいます。そこでつぼみや花の段階でこれらを間引いて、果実がなりすぎるのを防ぐのが摘蕾です。摘蕾を行っておけば、実は大きくなり色や味もよくなります。摘蕾をしないと収穫前に小さい実は自然に落ちてしまったり、果実が多すぎて、隔年にしか実がつかなくなったりします」（小林幹夫監修『はじめての果樹ガーデニング』永岡書店）と書いてあります。それは株の世界でも同じことなのです。大きな収穫をあげようと思えば、実りのよくない株は切って捨てる必要があります。では「株のテキライ」はどのようにやるのかを実例をもとに説明しましょう。

〔例１〕大ガス（9532）

大ガスをみてみましょう。実戦売買では特別なことがない限り、低位大型株である「鉄鋼の一部や銀行、ガス」等は銘柄選択しませんが、ここではその特別な場合として取り扱います。

買付けは一月三十日、買い値は二九三円でした。

（注）約一カ月たっても「売却目安値」まで値上がりせず、テキライします。売却は二月二十八日、売り値は三一〇円となりました。

テキライはいつ行ってもよいというものではありません。テキライを行う時期は「株式買付け一カ月後」売却目安値まで、思いどおりに値上がりしない場合に行います。しかも「株価高値時判断法を用いてやるのがコツなのです」と、私の株の先生は言われました。テキライが上手にできるようになれば、もう株のプロへの道を、一歩踏みだしたも同然です。

銘柄コード：9532　銘柄：大ガス　平成14年02月

日	曜日	始　値	高　値	安　値	終　値	前日比	出来高	週間 出来高計
25	金	303	303	298	300	▲　3	3,863	
26	土							
27	日							
28	月	300	301	293	299	▲　1	5,491	
29	火	294	294	291	291	▲　8	4,193	
30	水	● 293	295	292	293	△　2	2,595	
31	木	296	299	295	297	△　4	3,516	
1	金	299	303	298	298	△　1	6,276	22,071
2	土							
3	日							
4	月	299	302	297	299	△　1	2,726	
5	火	299	303	295	296	▲　3	6,186	
6	水	297	302	296	298	△　2	4,552	
7	木	299	300	296	297	▲　1	2,826	
8	金	297	300	296	297	0	4,986	21,276
9	土							
10	日							
11	月							
12	火	301	302	293	297	0	5,801	
13	水	297	302	297	300	△　3	4,133	
14	木	302	308	300	301	△　1	3,128	
15	金	302	305	298	298	▲　3	3,855	16,917
16	土							
17	日							
18	月	299	302	298	300	△　2	2,791	
19	火	300	300	293	296	▲　4	4,044	
20	水	296	303	296	302	△　6	4,920	
21	木	304	312	302	310	△　8	7,674	
22	金	308	311	305	308	▲　2	3,519	22,948
23	土							
24	日							
25	月	305	306	300	300	▲　8	2,762	
26	火	302	304	301	303	△　3	3,132	
27	水	303	309	303	309	△　6	3,194	
28	木	● 310	311	305	305	▲　4	3,718	

16　株式売買基礎演習

1　銘柄選択

① 二〇〇円台～五〇〇円台の銘柄を選べ。
② 業績の良い銘柄であること。
③ 「週間出来高」および「信用残」が「中強パターン」または「最強パターン」になっている銘柄を選ぶ。
④ 物価的中秘伝で「値上がり形式」が出ているかどうかを見る。

この「四つの条件」をクリアしているかどうかを、銘柄別に見ていきます。

「例」　大成建（１８０１）

大成建をみてみましょう。入念にチェックした結果、同社株は全ての条件をクリアしていることがわかります。では、買付けてみることにしましょう。

物価的中秘伝　株式実戦売買表 No. 0

銘柄コード　1801　　　　**銘柄　大成建**

	年・月	高　値
	(H13. 1)	(228)
上 ●	2	250
上 ●	3	262
上 ●	4	348
・		
上 ●	5	349
下 ●	6	327
上 ●	7	335

値上がり形式	A5形式
平成13年 前月(7月)月間安値	292円＝290円
買　付　け	8月 6日　307円
売　　　却	8月17日　353円
純　　　益	34,327円
コメント欄	
表をみると大成建は 週間出来高＝5BOX 売　　　残＝4BOX 買　　　残＝4BOX 総合的に同社株は、「中強パターン」を形成していることになります。	

大成建の出来高の推移

週間出来高	
5／28 ～ 6／1	13,231
6／4 ～ 8	11,453
11 ～ 15	32,030
18 ～ 22	14,438
25 ～ 29	12,881
7／2 ～ 6	12,107
9 ～ 13	15,832
16 ～ 19	13,679
23 ～ 27	19,833

大成建の信用残の推移

6／ 1	3237	5888	1.82
6／ 8	3905	5618	1.44
6／15	5126	4289	0.84
6／22	3929	4480	1.14
6／29	3150	4396	1.40
7／ 6	3568	4528	1.27
7／13	3554	3752	1.06
7／19	3856	3334	0.86
7／27	4130	2674	0.65

証券コード：1801　社名：大成建　平成13年08月

日	曜日	四本値				前日比	出来高	週間出来高計
		始値	高値	安値	終値			
7/30	月	332	333	326	330	△ 1	2,938	
31	火	331	333	323	329	▲ 1	3,092	
1	水	330	333	318	330	△ 1	3,752	
2	木	330	338	330	335	△ 5	3,606	
3	金	335	335	309	315	▲ 20	7,119	21,507
6	月	● 307	322	299	317	△ 2	5,934	
7	火	322	332	320	331	△ 14	4,394	
8	水	333	334	324	328	▲ 3	2,506	
9	木	323	331	320	327	▲ 1	5,795	
10	金	327	328	322	328	△ 1	3,597	22,226
13	月	325	332	324	328	0	2,500	
14	火	328	334	323	334	△ 6	3,072	
15	水	334	347	333	346	△ 12	7,991	
16	木	343	358	340	356	△ 10	10,970	
17	金	● 353	353	346	346	▲ 10	3,219	27,752
20	月	346	350	337	342	▲ 4	2,086	
21	火	344	349	342	349	△ 7	2,331	
22	水	350	372	348	372	△ 23	10,531	
23	木	372	374	362	367	▲ 5	3,870	
24	金	371	380	360	363	▲ 4	6,102	24,920
27	月	368	376	362	375	△ 12	3,219	
28	火	379	387	373	385	△ 10	5,219	
29	水	385	390	372	374	▲ 11	6,317	
30	木	359	359	338	344	▲ 30	5,032	
31	金	342	361	336	359	△ 15	7,190	26,977

2　買付けにあたって

① 買い目ゾーンは「前月の月間安値」を基準とします。

〔特注〕 ただし、株価が続伸中の場合は、前月の「月間高値を買い目ゾーンの基準」とします。

② 株価を見る場合「一ケタ台は端数として切り捨て」て見ていきます。例えば、三一二円も三一八円も、いずれも「三一〇円台」であるとみます。

③ 許容誤差は、株価（月間安値）によって次のように定めます。

例えば、前月の月間安値が四四五円となっていたら、四〇〇円台は許容誤差はプラス・マイナス「四〇円」ですから、買い目ゾーンは「四〇〇円台～四八〇円台」までとなり、終値が四〇〇円台～四八〇円台までなら買付け可とします。

株価	許容誤差
200円台	±20円
300円台	±30円
400円台	±40円
500円台	±50円

「特注」

ではここで、買い目ゾーンは「前月の月間安値を基準」とするということについて、次の二つの例をみてみましょう。表をご覧下さい。

Ⓐ 大成建の場合……株価が上昇局面にあった平成十三年の二月から十月まで、このやり方で十分買付けできています。

Ⓑ 日航の場合……株価が下降局面にあった平成十三年の四月から十月まで、このやり方で同社株も十分買付けできています（九月を除く）。

したがって、買い目ゾーンは前月の月間安値を基準とします。許容誤差もふくめて、月間安値付近で買付けできない時は無理に買付けません。買付け可能な銘柄はいくらでもあるからです。

説明をもとに戻しましょう。大成建の場合、前月（七月）月間安値は二九二円。ということは「二七〇円台～三一〇円台」までなら買付け可となるわけです。

3　株価底値時判断法

つぎは株価底値時判断法を見る番です。このやり方は「株価の終値が買い目ゾーンに入っ

コード番号 1801　社名 大成建

過去10カ月間						
形式	記号	年・月	最高	最低	月間 出来高	備考
●		H13. 1	228(4)	187(17)	36,888	
●	上	2	250(28)	202(13)	55,057	買付け可
●	上	3	262(27)	219(15)	58,571	買付け可
●	上	4	348(26)	231(2)	89,947	買付け可
●	上	5	349(1)	252(28)	64,216	買付け可
●	下	6	327(11)	270(1)	73,323	買付け可
●	上	7	335(27)	292(5)	67,481	買付け可
●	上	8	390(29)	299(6)	116,352	買付け可
●	上	9	390(21)	306(12)	86,398	買付け可
●	上	10	400(3)	332(9)	92,850	買付け可
●	下	11	370(1)	307(15)	62,051	
●	下	12	353(5)	254(19)	72,948	
●	下	H14. 1	284(4)	220(15)	73,729	

コード番号 9201　社名 日航

過去10カ月間						
形式	記号	年・月	最高	最低	月間 出来高	備考
●		H13. 1	544(4)	435(12)	46,133	
●	下	2	516(28)	452(9)	38,739	
●	上	3	535(22)	468(30)	120,726	
●	下	4	508(27)	448(3)	86,067	買付け可
●	下	5	502(2)	410(28)	95,411	買付け可
●	下	6	439(8)	385(21)	86,881	買付け可
●	下	7	407(10)	367(30)	53,995	買付け可
●	下	8	396(2)	349(30)	51,556	買付け可
●	下	9	358(3)	280(17)	106,907	不可
●	下	10	323(24)	261(10)	71,887	買付け可
●	上	11	330(30)	280(8)	63,538	
●	上	12	364(7)	306(27)	67,707	
●	下	H14. 1	324(4)	292(16)	64,432	

た日から、過去五日間の状況が、前日比のマイナスが五日間に三～四回くらいあるということを見ていきます。

●八月三日の終値は三一五円で買い目ゾーン「二七〇円台～三一〇円台」に入っています。

●八月三日から過去五日間（七月三十日～八月三日まで）の前日比はマイナスが三十一日と三日の二回しかありません。では「一回足りないではないか」という人があるかもしれません。大体でいいのです。この場合、合格とします。六日朝の寄付きで買付けました。買い値は三〇七円でした。

4　売却にあたって

売却にあたって重要なことは「いかに短期間に高値で売るか」ということです。一七〇頁の「売却目安表」をご覧下さい。この表の用い方のポイントは、買い値の一段階上の「値幅」を見たらよいということになります。買い値三〇七円の一段階上は三五〇円。その三五〇円の右横をみると、値幅は二五円となっています。ということは、

三〇七円＋二五円＝三三二円

となり、三三二円以上で売却したら一万円以上の純益があるということです。実際にやってみましょう。

買付け後、株価の終値が三三二円以上になった日は十四日（三三四円）です。

５　株価高値時判断法

株価の終値が「売却目安値」になったら、いつ売却してもよいというわけではありません。株価高値時判断法を用いて、一円でも高く売却することです。高値時判断法の要点は、「株価の終値が、売却目安値になった日から、過去五日間の状況が、前日比のプラスが五日間に三～四回くらいある」ということでした。

同社株の場合、この条件に合致した日は十六日。過去五日間（十日～十六日）に前日比のプラスは四回あります。

売却は十七日朝の寄付き。売り値は三五三円。純益は三万四、三二七円でした。今日一日、明るくのびのびと働けます。

第5章

同化法実技

「物価的中秘伝」による〝値上がり形式〟をおぼえてしまいますと、この形式が出たら株価は必ず上がる、ということがひと目でわかります。

同化法というのは、この値上がり形式が、株価推移の年足からも月足からも出ないばあいに、〝年足と月足を合わせてみる〟ことによって、新しい値上がり形式を生み出す方法のことをいいます。

これは中国（香港）に伝えられている『物価的中秘伝』のなかの「黄金策」にのっているもので、中国の投資家の間では秘法とされているものです。日本ではもちろん、中国でも公刊されたことがないということです。

私は、伝授され、しかも実際に積年の体験で実証し得たこの秘法ともいうべき要諦を公にします。それによって、諸氏の利益が倍増すれば本懐これに過ぎるものはありません。

常に研鑽をおこたらず、一日も早くご自分のものにされることをお祈りいたします。

さて、わたしの中国の先生は、

「相場ノ強弱ヲ知ラントスレバ、相場の勢イヲモッテ推測スベシ」と言われました。株に勝つには相場の強弱、つまり〝勢い〟を的確に知らなければならないということです。

では、その株の勢いというのは何によってみたら間違いなく把握できるか——が問題です。

それは、「物価的中秘伝」が教えてくれます。

①　年足から値上がり形式が出た銘柄は、この先、株価が値上がりする勢いは強くなる。

②　月足から値上がり形式が出た銘柄は、この先、株価が値上がりする勢いは強くなる。

さらに、

③　年足・月足の両方とも値上がり形式の出た銘柄は、この先、株価の値上がりする勢いは非常に強い。

としています。事実、毎年「大化けする株」の十中八、九がこの形式の中から出ていますし、その勢いの強さには熾烈なものがあります。実例が裏づけ、証明しているわけです。まずこのことを頭にしっかりと入れておいて下さい。

したがって、年足または月足、あるいは年・月足の両方から値上がり形式が出た銘柄を買うということが、最も大切なことになります。

では、年足または月足から値上がり形式が出ない場合はどうしたらよいのか、ということになります。

ここで大切なのが「同化法による値上がり形式」になるわけです。物価的中秘伝で株式投資をおこなう場合、「年足・月足（同化法を含む）から値上がり形式の出た銘柄を買う」ということが第一の鉄則です。それが、確実に利を得ることができるからです。

それでは、さっそく「同化法による値上がり形式」について実戦的に解説していきます。

まず、やり方を説明する前に、原則的なことについてふれておきます。

最初に「年足から値上がり形式をとる方法」については、

①　基点は株式買付け年の前年、期間はそれから過去三カ年間でみます。

やり方は、株価の年間高値を前年と比較してグラフに記入していくことからはじめます。

　ⓐ前年より株価が上がっていたら傍線を上へ
　ⓑ下がっていたら傍線を下へ

というふうにグラフに記入していきます。

次に「月足から値上がり形式をとる方法」については、

②　基点は株式買付け月の前月、期間はそれから過去三カ月間でみます。
③　基点は株式買付け月の前前月、期間はそれから過去三カ月間でみます。
④　基点は株式買付け月の前前前月、期間はそれから過去三カ月間でみます。

月足からの値上がり形式のとり方も、年足からのとり方も要領は全く同じです。

そこで、この年足、月足からみる四つのとり方を、次のように組み合わせて把握すること

ができます。つまり、

①と②の組み合わせ

①と③の組み合わせ

①と④の組み合わせ……

というように組み合わせていきます。そして、こうして組み合わせてできた形式が、はたして的確な値上がり形式であるかどうかをみていけばよいわけです。

「同化法による値上がり形式のとり方」は、このようにしてやっていきます。

実例で説明しましょう。

ここでは、物価的中秘伝でいう株価の値上がりを示すグラフ形式のなかから、年足・月足ともに「値上がり形式」として用いることのできる次の一一形式の一部について解説しておきます。

現在発表しているのはこの一一形式だけで、「Ａ５」「Ｂ５」「Ｂ８」「Ｃ１」「Ｃ２」「Ｄ３」「Ｄ５」「Ｅ４」「Ｇ５」「Ｈ５」「Ｈ６」に分類されており、これを参考にして同化法を組み立てればよいわけです。

1 同化法実技・例1

某社のばあい、年足をみても値上がり形式が出ていませんので、同化法でみてみます。株価の年間、月間高低は次頁の表のとおりです。

① 株式買付け年は当年、基点は前年。期間はそれより過去三カ年間ですから、前前前年までです。

② 株式買付け月は四月、基点は三月。期間はそれより過去三カ月間ですから、一月までです。

次は前前月からとります。

③ 株式買付け月は同じです。基点は二月。期間はそれより過去三カ月間ですから、前年十二月までです。

次に前前前月からとります。

④ 株式買付け月は同じです。基点は一月。期間はそれより過去三カ月間ですから、前年

十一月までです。

これを組み合わせて別にグラフに書きます。比較は前年（または前月）の、ともに高値との比較となります。

①と②との組み合わせからみていきます。

某社の株価推移

年間	高値	安値
	130円	95円
前前前年	上131	98
前前年	上138	107
前年	上205	120

	月間	高値	安値
	前年9	179円	160円
	10	180	161
	11	183	170
	12	205	176
前前前月	当年1	上226	200
前前月	2	下215	194
前月	3	上265	210
買付け月	4	276	222
	5	290	248

某社の株価グラフ　A５形式

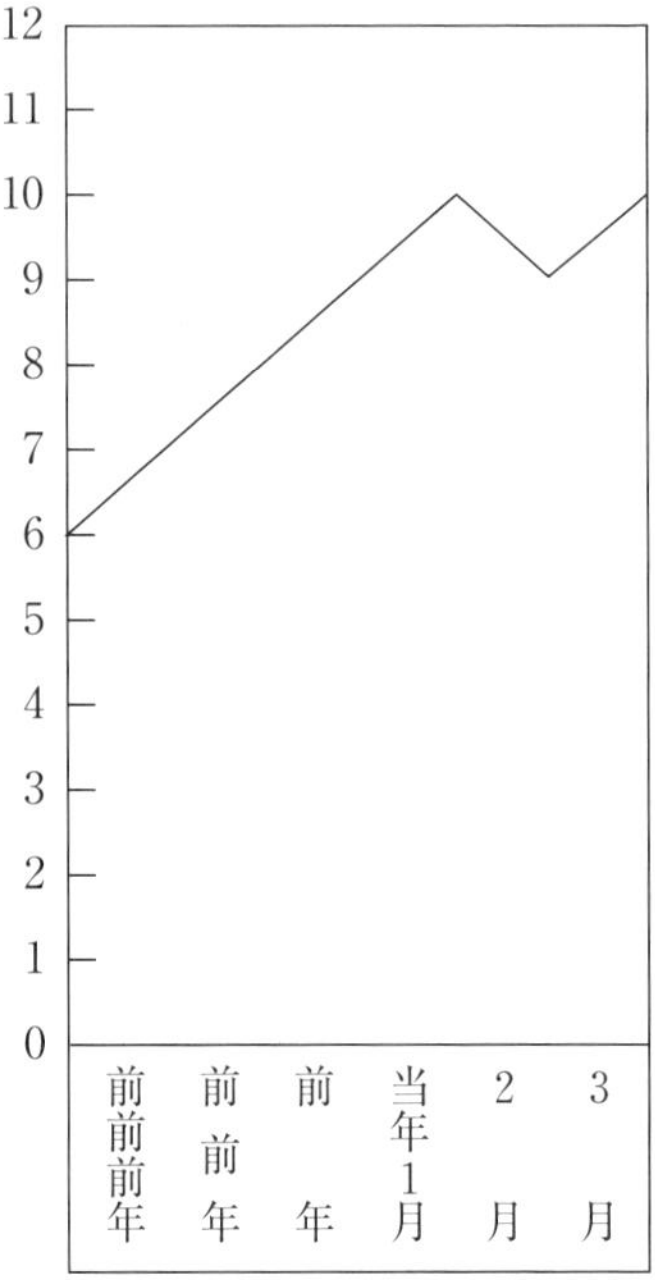

(イ)前前前年は上がっているので傍線を上へ
(ロ)前前年も上がっているので傍線を上へ
(ハ)前年も上がっているので傍線を上へ
(ニ)一月は上がっているので傍線を上へ
(ホ)二月は下がっているので傍線を下へ
(ヘ)三月は上がっているので傍線を上へ

と、こういった要領でグラフを記入していくわけです。以下それにならってください。

出来上がったグラフを見てみますと、前頁のように簡単なものになります。

この形式を「Ａ５」形式といって、株価はこの先、上がるという予測形式です。

結果はどうなったか、その後の株価推移をみますと、

四月安値＝一一一一円

五月高値＝一九〇〇円

となっています。同化法による値上がり形式のとり方は、このようにしていきます（拙著『物価的中秘伝天地書原本（抜粋）』＝天祥閣蔵版・一一頁参照）。

【注】　いちど値上がり形式が出たらそれで十分です。他の組み合わせをみる必要は全くありません。

2 同化法実技・例2

某社の年間高低、月間高低をまずみますと、次頁の表のとおりです。

この表から、はじめに「月足からの値上がり形式」をグラフにしてみますと、株価の値上がりを示す「Ｃ１」形式が出ています。ところが、もう一つの肝心な「年足による値上がり形式」は出ていません。

ということは、同社株の株価の〝勢い〟が本当に強いかどうかは、同化法による値上がり形式があるのかどうか、を調べてみる必要があるということです。

① 株式買付け年は当年。基点は前年、期間はそれより過去三カ年間ですから、前前前年までです。

② 株式買付け月は当年一月。基点は当年十二月、期間はそれより過去三カ月間ですから、十月までです。

次は、前前月からをとります。

③　基点は十一月。期間はそれより過去三カ月間ですから、九月までです。

次に、前前前月からとります。

④　基点は十月。期間はそれより過去三カ月ですから、八月までです。

この①と②、①と③、①と④を、組み合わせてグラフに書いてみましょう。グラフに表せ

某社の株価推移

年間	高値	安値
	251円	200円
前々々年	上309	200
前々年	上399	255
前年	上533	363

	月間	高値	安値
	前年7	472円	408円
	8	上477	436
	9	下456	406
前々々月	10	上481	415
前々月	11	509	465
前月	12	533	485
買付け月	当年1	537	488
	2	560	510
	3	633	545

某社の株価グラフ形式

①と②の組み合わせ

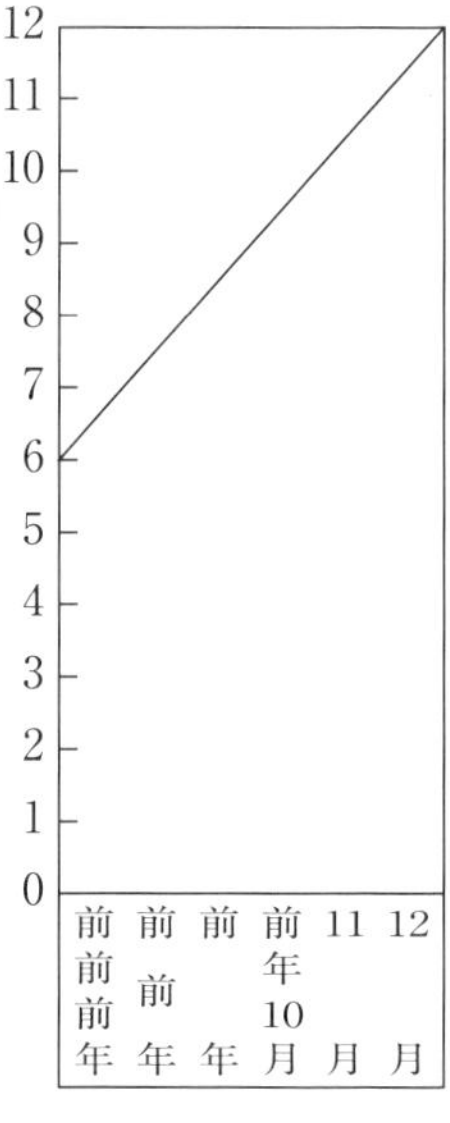

同

①と③の組み合わせ

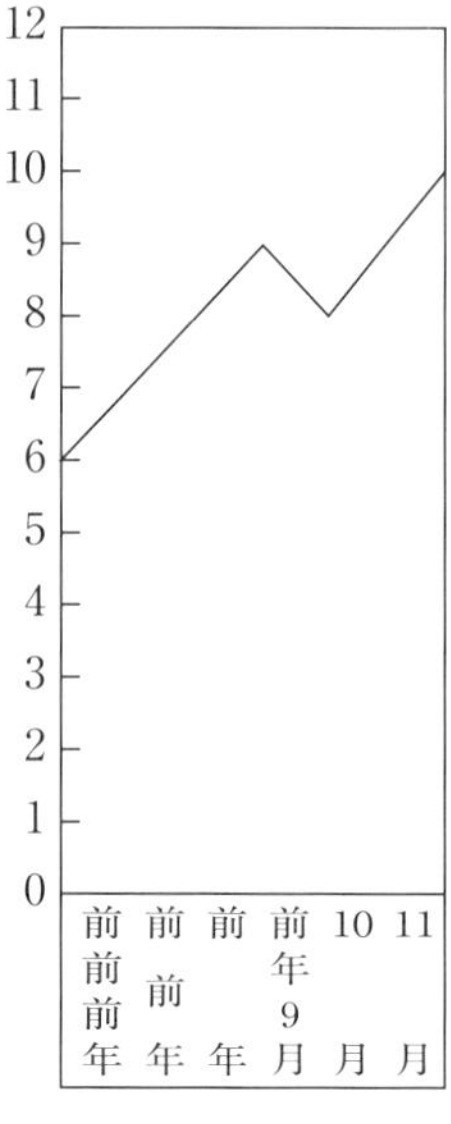

同

①と④の組み合わせ

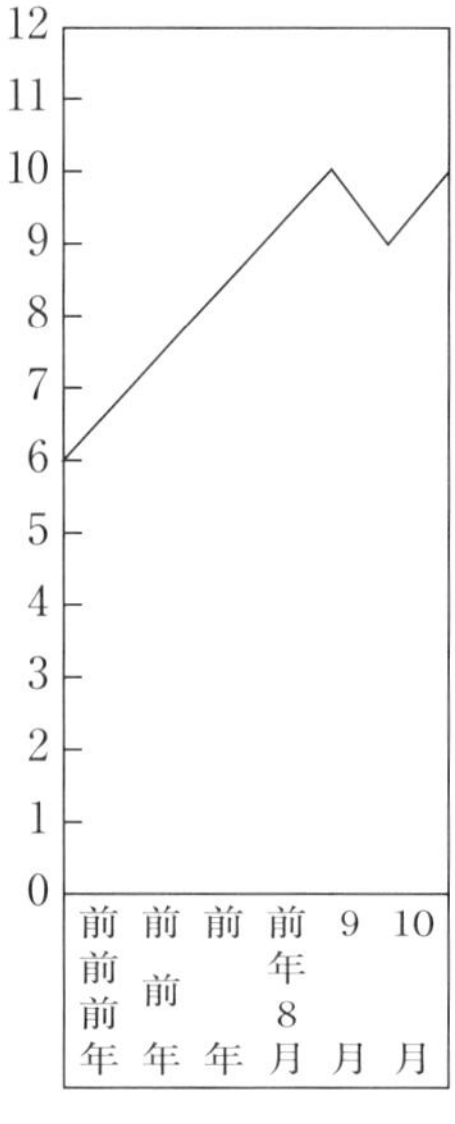

ば前頁のようになります。

某社株の場合、「①と④の組み合わせ」の中に値上がり形式である「Ａ５」という形式があります。これでようやくはっきりとわかってきました。

つまり、株価は〝先行き上がる〟ということを示したことになります。躊躇なく買いです。

その結果、どうなったでしょう。

一月安値＝四八八円

三月高値＝六三三円

となり、株価は、値上がり形式が予告したとおり上がったわけです。

同化法による値上がり形式のとり方は、このようにしてやっていくのです。

値上がり形式の強弱の判定

そこで、つぎには、「値上がり形式の強弱の判定」について究明する必要が生じてきます。

私は、それについて株の先生からつぎのように伝授されています。それをわかりやすいように点数を配分してランクづけしますと、

① 年足による値上がり形式………30点
② 月足による値上がり形式………30点
③ 同化法による値上がり形式……30点
④ 株価高・低転換点………………20点
⑤ 株式買付け時の決定（条件）…20点

この五項目のうち、〝合計点数が七〇点以上〟になる条件（形式）が出れば、その株式は買付けてもよい、ということです。

ところが「年足・月足の両方から値上がり形式が出た場合、株価は大化けする可能性が強い」という原則がありますから、年足（または月足）だけで買うというのではなく、同化法による値上がり形式も含めて、次のような買付けをするのが最もよいわけです。つまり、

(1) 年足による値上がり形式と、月足による値上がり形式
(2) 年足による値上がり形式と、同化法による値上がり形式
(3) 月足による値上がり形式と、同化法による値上がり形式

という三種類の組み合わせのどれかの組み合わせで買付ければよい、ということになりま

す。

たとえば、年足による値上がり形式で買付けておいて、後で、月足による値上がり形式に合わせてみることによって、〝勢いの加速〟を知る、という方法もベターなやり方です。

3 同化法実技・例3

次は某社です。さっそく株価年間・月間高低をみながらグラフを作成します。グラフにすれば次のようになります。

出来上がったら、値上がりする形式かどうかを、規定のパターンにあてはめて見ます。この場合は「B5」という形式です。株価は上がります。

その結果はどうなったか。

四月安値＝二二八円（一日）

五月高値＝四二四円（十日）

となっています。

同社株の場合、月足からみると値上がり形式である「B5」形式が出ました。しかし、年足からの値上がり形式は出ていません。

ということは、本書で解説している年足・月足ともに値上がり形式として用いることのできる一一種類の形式（「A5」「B5」「B8」「C1」「C2」「D3」「D5」「E4」「G5」「H5」「H6」）の中に、年足からの値上がり形式として入っていないという意味です。

したがって、同化法により、値上がり形式があるかどうかを調べたわけです。

某社の株価推移

年間	高値	安値
	235円	145円
前々々年	上265	131
前々年	上343	141
前年	上320	177

	月間	高値	安値
	前年9	205円	178円
	10	215	177
	11	280	200
	12	244	216
前々々月	当年1	上260	219
前々月	2	下250	221
前月	3	上245	222
買付け月	4	343	228
	5	424	276

某社の株価グラフ　B５形式

①と②の組み合わせ

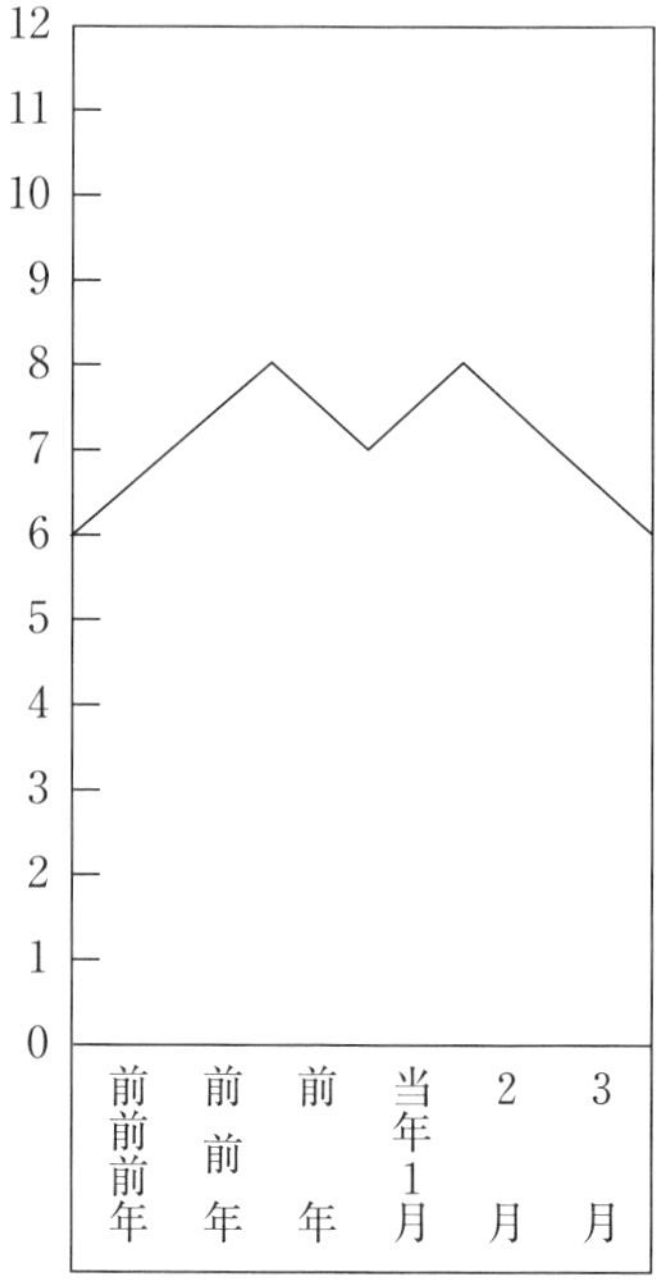

このように両方とも値上がり形式が出た銘柄は、この先、株価の値上がりする勢いは非常に強いものがあります。

4 同化法実技・例4

某社の株の場合、年足からは値上がり形式が出ていますが、月足からの値上がり形式が出ていません。ですから、同化法を用いたのです。

年間、月間高低をグラフに記入するということは前と同じです。グラフは前頁のようになります。

結果はどうなったか？　値上がり形式には間違いありませんでした。「ユックリ型投資」で三月に買付け、五月に手放したのですが、株価の月間高低をみてみますと、

三月安値＝二五三円（二十五日）

五月高値＝三五四円（十五日）

となっています。値上がり形式の間違いのないことを、事実が証明してくれています。

同化法により値上がり形式をとる場合には、いま述べたように、

「年足と月足を〝前後して〟とる」

ことも可能です。
しかし、自分の都合がよいように、「年足または月足内の順序を変える」ということは、絶対に許されません。

某社の株価推移

年間	高値	安値
	354円	145円
前前前年	下207	152
前 前 年	上322	155
前　　年	上356	215

	月間	高値	安値
	前年 7	290円	245円
	8	285	249
	9	262	230
	10	257	215
前前前月	11	上285	250
前 前 月	12	上325	281
前　　月	当年 1	下285	271
買付け月	2	279	250
	3	280	253
	4	308	260
	5	354	306

つまり、平成六年、七年、八年と正しくあるべき配列を、平成六年、八年、七年というように、順序を自分の都合のよいように勝手に変えてはならないということです。

ここで「物価的中秘伝の値上がり形式」について要点をまとめておくと、次のようになります。

①「年足だけに使用できる」もの

②「月足だけに使用できる」もの

某社の株価グラフ　Ｂ８形式

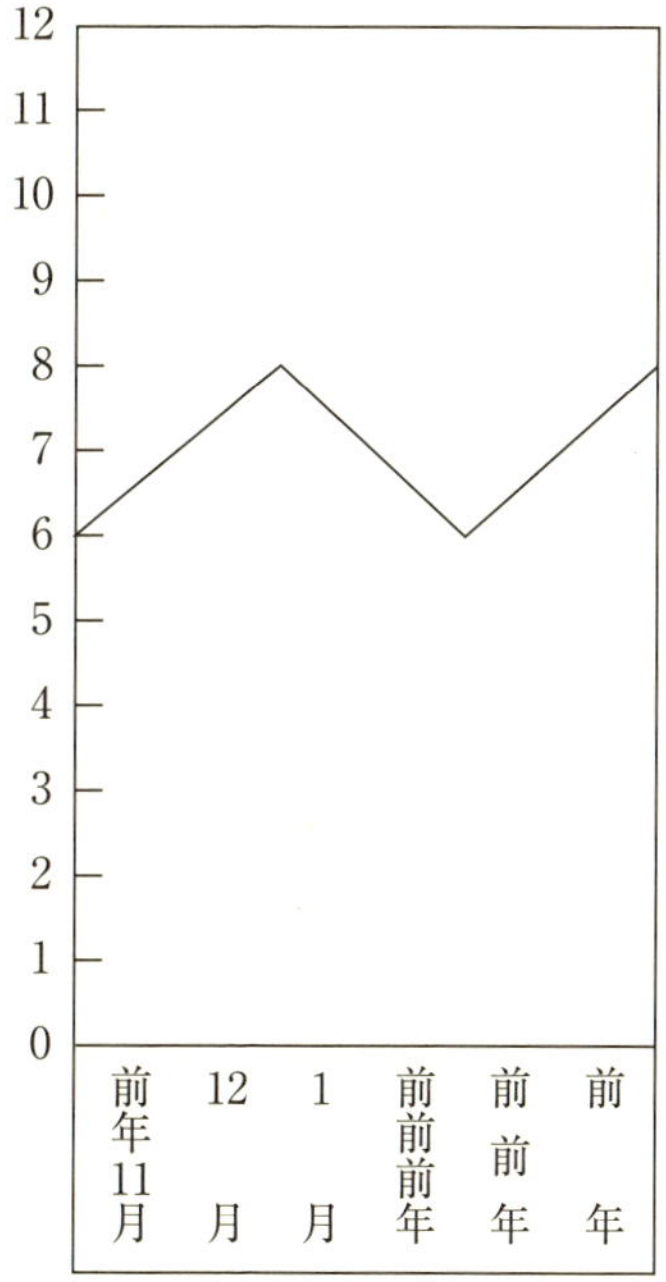

③「年足・月足ともに使用できる」もの

がありますが「同化法により値上がり形式をとる場合」には、この①②③のすべての値上がり形式が〝値上がり形式〞として使用できるので、値上がり形式は数多くとれることになります。

同化法により値上がり形式をとる場合には、今まで述べたことを重点にしておこなってください。きっとうまくできます。

5 閑話休題　皆伝（秘蘊伝授）を受けたときの感激

私は恩師李先生に五回にわたってご指導をいただきました。

「初伝」「中伝」は講義の時間も短く、あっという間という気がしましたが「奥伝」はずいぶん長時間かけての伝授でした。同じ値上がり形式でも「年足または月足だけに使用できるもの」と「年足・月足ともに使用できるもの」というように、その分類だけでも大変でした。つまり、習得する量が相当に多かったということです。

最後に「皆伝」を授かったわけですが、皆伝とは、初伝、中伝、奥伝で教えてもらったことを、さらに別の角度から総合的に見つめた〝究理の真技〟であると、体験的に実感しました。そして、株に勝つ方法は、この方法以外にどこをさがしても絶対にないと思えるようになり、ますますその確信を深めています。

読者の方々からつぎのような質問を受けることがしばしばあります。

「物価的中秘伝による株式投資法は、まず最初に〝一株益が増加している銘柄〟から銘柄選択する、ということになっていますが、全般的に企業業績が悪化して一株益の増加がない場合は、投資できないのですか」

ということですが、これに対してお答えしておきます。

たとえて言うと、一株益の増加とか低位株がどうかとかいうのは、いってみれば水質が清か濁かというような問題であり「値上がり形式」は、その水を水源池から実際に使用する目的地まで引いた水道管の役目に当たります。そして「株価高・低転換点」は管と管とのつなぎ目に当たり「株式買付け時の決定（条件）」は、最後の、水道のバルブの役目を果たすものです。

では水源地に水（出来高や信用残）が不足していたらどうでしょう。あなたの家の水道の水は勢いよく流れ出るでしょうか。反対に水道管（値上がり形式の役目）が敷設されていなかったり、途中で配管が破裂していたらどうでしょう。たとえ水源地の水が満々と藍をたたえていたとしても、水道からは一滴の水も出ないのです。結論的に言えば、水源地の水（出来高や信用残）も豊富で、配管（値上がり形式）も良好でないといけないということになります。

株式投資を行う場合、Ａ「出来高や信用残」とＢ「値上がり形式」は車の両輪のようなもので、どちらか一方が欠けても車は動かないし、株で値上がり益を取るなど不可能なことです。両方の条件がととのえば、蛇口を最大に開くと、ホースの口を上に向けようが下に向けようが、水は勢いよく噴き出します。それと同じで、株価の値上がりは「株価を押し上げる要因（出来高、信用残）」と「値上がり形式」次第というわけです。

水質の良し悪しは、使用目的によっていろいろ使い別けて使用できますが、肝心なのは水の勢い、つまり〝株の勢い〟をどうやってつかまえるかということです。

「相場ノ強弱ヲ知ラントスレバ、相場ノ勢イヲモッテ推測スベシ」

前にも言いましたが、株に勝つためにはまずこの観点から出発すべきです。

さらに「江河ノ水、順ウベク逆ラウベカラズ」といいますが、これは、大河の水は少々の土では押さえ切れない、水の流れに逆らわないほうがよい、ということです。この江河の水にも似た、勢いの強い株、よく値上がりする株をみつけるのが本書の役目でもあるのです。

6 トントン切りと損切りについて

トントン切りは上手にタイミングよくやって下さい。トントン切りとは、買付け後一カ月くらいたっても株価が値上がりしない場合、「買い値近く」で売却することをいいます。

さて、買付け後にすぐ値上がりする場合や、買い値の二〇円高くらいで売却できる場合は申し分ないのですが、実際には、買付け後「数カ月」たっても値上がりしないことがあるかもしれません。投資効率はゼロかマイナスということです。これでは、何のために株式投資をやっているのかわからないことになります。

万一、買付け後「一カ月」たっても値上がりしない時は、直ちにトントン切りして下さい。「私にとっても株にとっても、今が一番悪い時かもね」といったセンチメンタルや、「明日は値上がりするかもしれない」というような希望的観測は絶対にいけません。後悔しなくてもいいように、やらなければならないことは今スグやるべきです。たびたび言っているように思い切りが肝心です。

このようにしてトントン切りしておくと、回収した資金をもとに次の値上がり株で儲かるといった思わぬチャンスも待ちかまえているというものです。

なんとしても、「トントン切り」は上手にやって下さい。

「株をやる場合、〝買う・売る・切る〟の三つが上手にできてこそ、はじめて一人前といえるのです」と、私の株の先生は言われました。

なお「トントン切り」もできないほど株価が下落している場合は「買い値より一〇％下げは損切り」ということも視野にいれて行動する必要があります。要は、悪しき因縁は断ち切れということです。

トントン切りの実例

鹿島を十一月二日に三九八円で買付けました。一カ月たっても値上がりしないので、二十六日の終値をみて、買い値と同値近くになっていたので、二十七日朝の寄付きで売却しました。トントン切りはこのようにやっていきます。

短期投資をする場合には「買い値より一〇％下げたら、明日上がると思っても必ず損切りする」というのが株式入門の第一歩であるといっても過言ではありません。まずここから出

銘柄コード：1812　銘柄：鹿島　平成13年11月

日	曜日	始　値	高　値	終　値	安　値	前日比	出来高
1	木	410	410	393	397	▲ 8	1,297
2	金	● 398	405	390	398	△ 1	1,194
3	土						
4	日						
5	月	398	407	393	405	△ 7	2,008
6	火	402	402	389	390	▲ 15	1,538
7	水	385	385	373	379	▲ 11	2,776
8	木	379	384	373	379	0	1,117
9	金	374	376	370	370	▲ 9	1,449
10	土						
11	日						
12	月	372	372	358	359	▲ 11	1,229
13	火	355	358	340	347	▲ 12	2,178
14	水	347	351	339	341	▲ 6	2,298
15	木	340	358	340	358	△ 17	1,971
16	金	363	370	356	358	0	3,144
17	土						
18	日						
19	月	363	374	361	372	△ 14	1,361
20	火	384	394	382	385	△ 13	2,830
21	水	384	393	381	391	△ 6	2,299
22	木	393	393	373	378	▲ 13	3,583
23	金						
24	土						
25	日						
26	月	390	403	387	393	△ 15	4,044
27	火	● 398	412	394	401	△ 8	4,118
28	水	396	400	386	389	▲ 12	3,189
29	木	387	390	380	388	▲ 1	2,012
30	金	385	394	378	390	△ 2	2,044

発しないと、何年株をやっていても上達しないものです。「長年株をやっているので投資成績は上々だが、反面、損勘定の玉（株のこと）も多くてネ」という人がいます。これはもう話にならないことなのです。

株で生計をたてているプロは、銘柄選択、売買技術によって、いかにしたら投下資金を有効に活用できるか、また安全、確実に運用し儲けられるかということを常に考えて投資しているものなのです。と同時に、いかにしたら損を小さく止められるかということが第一条件なのです。

プロとて神ではありませんので、万一の失敗もあります。そのとき損を小さくする工夫の結果が、買い値より一〇％下げたら損切りする、というただそれだけのことなのです。簡単なことですが、よほど心にきざみ込んでおきませんと、なかなか実行しにくいものです。「転ばぬ先の杖」を忘れてはなりません。

7 株価底値時判断法

『物価的中秘伝』原文

底価時的判断法

一、股価在接近低価左右時、低価時的成交額還保留在持続的情形下。

二、与前日比五天都是跌価、漲的只有一～二次。或是、

三、成交額是、漲的在五天之間有一～二次的。

注!!這種情形、前日比的○（不変）及一（没有比較）的時候、就当它為跌価。

句　註

株価底値時判断法［訳　解］

一、株価が底（ボトム）付近であるが、安値時出来高が続いている場合。

二、前日比が五日間オール・マイナスであるか、プラスが一～二回位である。または、

三、出来高は、プラスが五日間に一～二回位である。

注!!　この場合、前日比の○（変わらず）および－（比較なし）は、マイナスと取ります。

●股価――株価。

●成交額――出来高。

この中で重要なのは、二番の「前日比が五日間オール・マイナスであるか、プラスが一～二回位である」ということです。

後述の「実戦例」では注意してみていくことにしましょう。

8 株価高値時判断法

『物価的中秘伝』原文

高価時的判断法

一、股価在最近的高価時左右、高価時的成交額還保留在持続情形下。

二、与前日比、漲価在五天之間有四～五次。或是、

三、成交額是、漲的在五天之間有三～四次。

四、股価更新了高値時、就随着股価与成交額看漲。這種情形、与前日比、三天連続跌価時、第四天早上即可放手。

株価高値時判断法［訳解］

一、株価が最近の高値付近であるか、高値時出来高が続いている場合。

二、前日比は、プラスが五日間に四～五回位出る。または、

三、出来高は、プラスが五日間に三～四回位出る。

四、株価が高値を更新した場合は、株価と出来高についていく。その場合、前日比マイナスが三日連続したら、四日目朝の寄付きで手放す。

ここで大事なことは、二番の「前日比は、プラスが五日間に四～五回位出る」というところです。これも後述の「実戦例」で詳しくみていくことにしましょう。

9 出来高は人気のバロメーター

株価を動かす要因はいろいろありますが、それは誰でも手にすることができるとは限りません。一般の投資家にとって、わかりやすい、目に見えるものもあれば、よく見えないわかりにくいものもあります。

それらの要因が複雑に絡み合って株価が成り立っているので、格別な支援材料も見当たらないのに値上がりしたり、好材料があるにもかかわらず値下がりするなど、理解に苦しむことが少なくありません。

こういうときに、最も頼りになり、かつ誰でも容易に知ることができるのが「出来高」です。そこにはすべての材料が凝縮されているといえます。出来高を読むことによって、ある程度、株価の動きが推測できるので、古くから重視されています。

出来高は人気のバロメータです。出来高が多いということは、売買に参加している投資家が多いことにほかなりません。したがって、出来高の増減で人気の盛衰を知ることができます。さらに今後の株価を占う手掛かりともなります。ただし、銘柄によっては、毎月第二金曜日は株式先物取引と絡んだ裁定取引で平日より商いが多いし、金融機関などの益出しクロス商いで出来高が急増する日もあります。そこで、毎週あるいは毎日の出来高をチェックしてその傾向をみるとともに、株価の動きと合わせて、今後の株価を占うことが肝要になります。

株価は買いものが多ければ騰がり、売りもののほうが勝れば下がります。しかし、出来高は同じ株価で成立した商いの合計である。比例配分で買いもの（または売りもの）を残すといった特殊なケースを除けば、同じ株価で同数の売りものと買いものがあったことになります。

つまり、表面上は常に売り、買いの力はイーブンですが、その推移と株価を重ね合わせることによって、どちらの力がより強いかを読みとることができます。

①　上昇過程で出来高が漸増する相場は強い

株価が上がってくると、戻り待ちの売りものや利益確定売りが徐々にふえてきます。出来高が増加したことは、それを消化する買いがあったことを示しています。売り買いの株数は

安川電機の株価と出来高の推移（2002年）

日付	終値	前日比	出来高	日付	終値	前日比	出来高
	円	円	千株		円	円	千株
1. 4	445	▲ 5	363	2. 4	503	▲ 25	1,215
7	483	△ 38	494	5	498	▲ 5	878
8	464	▲ 19	427	6	519	△ 21	437
9	481	△ 17	474	7	514	▲ 5	1,161
10	515	△ 34	1,262	8	513	▲ 1	605
11	515	0	1,174	12	551	△ 38	1,052
15	504	▲ 11	1,512	13	578	△ 27	1,365
16	511	△ 7	844	14	650	△ 72	4,885
17	500	▲ 11	529	15	630	▲ 20	1,355
18	515	△ 15	637	18	633	△ 3	1,872
21	534	△ 19	1,264	19	618	▲ 15	594
22	536	△ 2	2,317	20	605	▲ 13	698
23	549	△ 13	1,135	21	631	△ 26	1,820
24	554	△ 5	838	22	624	▲ 7	1,185
：	：	：	：	：	：	：	：

同じでも買いの力のほうが勝っていると読めます。

前頁の表は安川電機の日々の株価と出来高です。

この株の平常時の一日出来高は二〇万株前後ですが、年初から増加傾向がハッキリしてきました。一〇〇万株を超えてくると、さすがに売りものも膨らんできます。

②　出来高の減少が小幅な相場は底固い

安川電機は五〇〇円に乗って出来高も一〇〇万株を超えてきました。これは売りものが急増したことを示しています。さすがに騰勢は一服しましたが、値下がりは小幅にとどまっています。それは増加した売りものをガッチリ受けとめる強力な買いものがあったことを示しています。

売りものが一巡すれば、強力な買い手だけが残り、また、その強さを見て売りものが様子見に手控えられるので、株価の基調は強く、多少のアヤはあっても、上値をたどることになるのです。

③ 高値で出来高が急膨張すると調整に入る

安川電機の二月十四日の出来高は、一気に四〇〇万株超に膨張しました。年初の一〇倍強です。ここで買いついたものは、さらに値上がりすれば売りものになって出てきます。潜在的な売りものが急増したことになるのです。

当然、買う方は一時手控えて、売りものが消化されて減るのを待つことになります。年初来の最高の出来高だっただけに、これまでよりも調整に時間がかかる可能性が大きいのです。ただし、まだ株価上昇波動は終っていないとみられます。

④ 売りものが断続するとき下値は見えない

株は安いときが買い場であることは間違いありません。しかし、安値だと思って買ったら、さらに値下がりするということは珍しくありません。それは処分すべき売りものがまだ残っていて、断続的に市場に出てくるためです。

次頁表はクラレの日々の株価と出来高です。

一月の下降場面で、出来高が一〇〇万株を超える日がほぼ一日おきにみられるところに留

クラレの株価と出来高の推移（2002年）

日付	終値	前日比	出来高	日付	終値	前日比	出来高
	円	円	千株		円	円	千株
1. 4	820	▲ 17	281	1.30	726	△ 2	637
7	858	△ 38	1,049	31	720	▲ 6	942
：	：	：	：	2. 1	705	▲ 15	1,449
11	797	▲ 14	1,273	4	676	▲ 29	1,629
15	781	▲ 16	886	5	686	△ 10	1,112
16	771	▲ 10	1,492	6	709	△ 23	2,263
17	769	▲ 2	572	7	720	△ 11	1,006
18	767	▲ 2	1,514	8	720	0	2,126
21	770	△ 3	966	12	727	△ 7	825
22	756	▲ 14	1,020	13	745	△ 18	1,514
23	729	▲ 27	1,354	14	742	▲ 3	1,146
24	721	▲ 8	783	：	：	：	：
25	721	0	648	20	725	△ 20	677
28	708	▲ 13	1,212	21	788	△ 63	1,834
29	724	△ 16	977	22	784	▲ 4	1,459

意していただきたい。買いものの入り具合いを身ながら、それに持ち合い解消などの売りものがぶつけられていることがわかります。売りものは一度にまとめて出すと株価が急落するので、何度かに分けて出してきます。この段階ではまだどれだけ売りものが残っているか読み切れません。したがって、下値のメドもつきません。

⑤ 安値圏で出来高が細れば底入れが近い

クラレは一月初めから、かなりまとまった売りものを浴びて値下がりしてきましたが、二十四日、二十五日は出来高も半減して、売りものが細る感じがでてきました。売り力が弱まり、買いの力と接近してきました。底入れする時期がそう遠くないと考えられます。もっとも、まだどの程度の売りものが残っているか読み切れませんし、底値を確認したわけでもありません。いわゆる打診買いを入れてみる段階です。

⑥ 安値圏で出来高が膨れると反発する

底入れには二つの型があります。出来高が細って値動きも小さくなるのがナベ底型です。人気の薄い銘柄にはこの型が多く、反転するまで日時がかかります。

それに対し、人気銘柄は安値圏が短く、V字型の反発をするケースが多いのです。どちらのケースでも、安値で出来高が増加したときが転機です。クラレは二月一日、二日に再び出来高が膨らんでいます。ダメ押しの売りものが出た形です。そこで残った売りものがそう多くないと読んで、買い方が勢いを盛り返してきたのです。ここでハッキリ底値が確認できたことになります。

出来高と株価の関係は株価チャートで見ることもできます。ただ、個人が毎日チャートをつけるのは大変ですが、出来高と株価だけをメモするなら、誰でも簡単にできるはずです。毎日この作業を続けていると転機に気がつくことが多いものです。

10 信用取引の残高を読む

個人投資家の株式取引は現物取引より信用取引のほうが多いものです。そして人気銘柄など信用取引のウエイトが高くなっています。したがって、信用取引の融資（買い）残、貸株（売り）残が株価に及ぼす影響も大きく、株価の先行きを読む重要な手掛りのひとつであることは間違いありません。

毎日発表されているのが貸借取引残高ですが、これは証券会社と証券金融会社との貸借状況を表わすもので、証券会社の店内の売り買いの食い合いや自己融資分を含んでいないため、実態とはかなり違いがあります。

それを補っているのが東証（大証）の信用取引銘柄残高です。週一回、先週末現在のものが水曜日の新聞に掲載されます。速報性にやや難点はありますが、実態を表しているので、以下、これを用いて説明してみましょう。

①　上昇しながら融資残がふえる相場は強い

株価が底入れして上昇に転じたとき、先高期待で信用買いが入ります。値上がりすれば、利食い売りや戻り待ちの売りものが出てきますが、新しい信用買いが入ってそれを消化します。

融資残は増加傾向をたどりますが、その過程で中味が少しずつ入れ替わってシコリが少ないのです。これは上昇過程で出来高が漸増したのと同じで、上昇基調に持続性があります。

しかし、融資残が膨れ過ぎると株価は頭打ちになります。それがどれくらいかは、その時の市場環境、銘柄の人気度などによって異なりますので一概にはいえませんが、融資残がふえ続けているのに株価が伸びなくなるときがきます。これは新規買いより売り圧力が強くなっていることを示しています。調整の始まりです。

②　買い残が減少する上昇相場は強い

調整期に入ると、株価は下降線をたどり、融資残が漸減するのが一般的です。しかし安くなったら買いやすくなり、反発を期待して押し目買いを入れたくなるのも投資家心理です。

次頁の表は三井化学の信用取引残高と出来高の推移です。

三井化学の信用残と株価の推移

日　付	売り残	買い残	株　価
2001. 7.19	433千株	3,769千株	457 円
7.27	537	4,051	431
8. 3	873	4,057	465
：	：	：	：
9.14	1,005	4,653	314
9.21	2,100	4,702	317
9.28	2,153	4,488	349
：	：	：	：
12. 7	3,593	2,168	416
12.14	3,736	2,111	385
12.21	3,800	1,933	402
2002. 1. 4	4,176	1,600	415
1.11	5,134	1,387	427
1.18	6,696	1,155	465
1.25	7,793	871	491
2. 1	6,084	1,060	456
2. 8	2,534	967	461
2.15	2,703	818	492

八月から九月にかけて、株価が下降線をたどっている間、買い残は増加し続けています。

ここで注目したいのは、下降局面では買い残の減少テンポは鈍いが、株価が反転すると順調に減少し続けていることです。これは信用取引の手仕舞い売りを現物取引の買いものが吸収していることを示しています。売り圧迫が薄らいでいるのですから相場の基調は強いと考えられます。

③　買い残、売り残並行増加すれば仕手化しやすい

信用取引は本来、反対売買で決済されるものです。したがって、買い残は潜在的な売り要因であり、売り残は潜在的買い要因とみなされます。一般的には売り残は買い残と較べるとかなり少ないのが普通ですが、売り残が増加して買い残に接近してくることがあります。

この潜在的な買いを、買い戻させることによって表面化させようと、買い方はさらに買い上がって売り方を攻める。売り方も負けじとそれに応戦します。その結果、買い残、売り残とも並行して増加傾向をたどります。これが仕手戦で、この傾向が続くときには意外な値上がりを見せることがあります。その流れに逆らうのはリスクが大きいものです。

株価の動きが投機化したとみられると、取引所はこうした銘柄の信用取引残高を毎日発表

するようになります。こうなると買い残、売り残とも増加テンポが鈍ります。反落の兆です。

④「逆日歩に買いなし」

信用取引はカネを借りた方（買い方）が金利を払うのが普通ですが、売り残が買い残を超えてくると株を借りた方（売り方）が金利を払うようになります。これを逆日歩といいます。

売り残が買い残より多いことは、それだけ潜在買い要因が大きいことにつながり、また売り方は逆日歩を負担しなければなりません。それが買い戻しとなって出てくると、株価はさらに続騰するはずです。しかし、現実はそのようなケースはほとんどありません。

売り残といってもその中味はいろいろで、カラ売りばかりではありません。信用取引で買い建てする一方で売り建てする「両建て」もあれば、現株を保有してツナギ売りすることも多くあります。これらは買い戻しすることはありません。取り組みをよく見せておいて、その間に売り抜ける機会をうかがうという手口です。それを知らずに買うと痛い目に合うことがあります。昔から「逆日歩に買いなし」といわれています。

⑤　持ち合い解消で売り残急増

現在ほど逆日歩銘柄が多いことはありません。これは持ち合い解消で金融機関やその他の機関投資家が保有株を売りつないでいるからです。先にあげた三井化学の例でも、一月から二月にかけて売り残が急増しているのは、株価が騰がってきたので、とりあえずツナギ売りをしたからです。二月になって現渡ししたので売り残は急減しています。

これに似た銘柄は多くあります。いまは売り残を鵜呑みにしにくいときなのです。

11 相場環境と投資収益目標

投資収益は相場環境によって左右される、と言っても決して過言ではありません。相場環境によって柔軟に対応していかないと、それこそ「とらぬ狸の皮算用」になってしまいやすいのです。

私は相場環境に応じて、次の収益目標を定め、柔軟に対応することによって好成績をあげています。簡単に説明しますと次頁の表の通りです。

【注】本書では、平成十四年三月現在を一番の「相場軟調時」とみて対応しています。後述の実戦例でも、この作戦を展開していますのでご承知下さい。

ではここで、相場軟調時（堅調時でもよい）における「A（エーワン）作戦」（収益目標一万円以上を獲得する方法）についてみてみましょう。次頁の表は大阪のN証券で二五〇円の買い、二七〇円（二〇円高）で売り一、〇〇〇株売買した時の計算例です（平成十四年二

相場環境と収益目標

	相場環境	収　益　目　標	
1	軟　調　時	A　（エーワン）	1万円以上獲得する
2	堅　調　時	AA（エーツウ）	1～2割高を狙う
3	嵩　上　時	AAA（エースリー）	大化け（2倍高以上）を狙う

N証券の計算例

（注　源泉分離）

（買　付　計　算）

約　定　代　金	250,000　円
手　数　料	2,875　円
消　費　税	143　円
お支払金額	253,018　円

（売　付　計　算）

約　定　代　金	270,000　円
手　数　料	3,105　円
消　費　税	155　円
取　引　税	0　円
譲　渡　益　税	2,835　円
お受取金額	263,905　円

（損　益　計　算）

差　引　代　金	10,887　円

売却目安表

	買い値	売り値	値　幅	純　益
1	200円	220円	20円	12,409円
2	250円	270円	20円	10,887円
3	300円	325円	25円	14,043円
4	350円	375円	25円	12,310円
5	400円	425円	25円	10,577円
6	450円	480円	30円	13,731円
7	500円	530円	30円	11,999円

月十五日）。

一、〇〇〇株の売買でこれだけの費用が必要となります。

上の表をみて下さい。この表は低位株（二〇〇円〜五〇〇円くらいまで）に一、〇〇〇株投資した場合、いくら値上がりしたら「一万円以上の収益を獲得する」ことができるか計算したものです。

この値幅を頭に入れておくと、売却するときに迷わず決断できるので何かと便利です。ぜひ覚えておいて下さい。

第6章

「物価的中秘伝黄金策」実戦編

それではこれから実戦例に移ります。

今度は、今までの勉強の成果を実戦に活用していく番です。ここで実戦例にあげている銘柄は、私の「株式実戦売買研修会」に通う人たちが実際に売買したうちの一例です。実際のやり方を通して、その技法をよく理解し、体得して下さい。

まず最初に、必要なデータを全部拾い集めます。

使用新聞は「日本経済新聞」

銘柄選択は「チャートブック・日足集」（株式会社投資レーダー）

ということでやっていきます。

本書をここまで読みすすまれた読者に、あまりくどい説明は不必要と思いますので、ポイントを中心に、なるべく簡略に説明します。

(1) 東レをみてみましょう。

物価的中秘伝　株式実戦売買表 No. 1

銘柄コード　3402　　　　銘柄　東レ

	年・月	高　値
	(H13. 6)	(585)
下	7	528
下	8	436
下	9	390
・下	(H10. 7) 11. 4	(745) 665
下	12. 1	484
上	13. 6	585

値上がり形式	同化法H6形式
平成13年 前月(9月)月間安値	300円
買　付　け	10月11日　318円
売　　却	10月24日　345円
純　　益	15,374円
コメント欄	

(注)「年・月」、「高値」のカッコ内の数字は、前年または前月と比較するため、便宜上だしています。

東レの出来高の推移

週間出来高	
9／3 ～ 7	16,379
10 ～ 14	27,614
17 ～ 21	25,694
25 ～ 28	11,476
10／1 ～ 5	21,281
9 ～ 12	14,072
15 ～ 19	18,580
22 ～ 26	21,363
29 ～ 11／2	10,101

東レの信用残の推移

9／ 7	1930	7248	3.76
9／14	1712	7569	4.42
9／21	2920	8094	2.77
9／28	2418	7786	3.22
10／ 5	1908	7810	4.09
10／12	3108	7967	2.56
10／19	1715	8546	4.98
10／26	3052	7664	2.51

銘柄コード：3402　銘柄：東レ　平成13年10月

日	曜日	始値	高値	安値	終値	前日比	出来高
1	月	329	345	325	344	△ 22	5,467
2	火	339	344	333	344		3,985
3	水	345	348	328	328	▲ 16	4,500
4	木	333	337	330	333	△ 5	3,523
5	金	332	333	322	324	▲ 9	3,806
9	月	321	321	313	317	▲ 7	4,644
10	火	314	318	310	313	▲ 4	2,928
11	水	● 318	318	313	316	△ 3	2,510
12	木	321	322	315	318	△ 2	3,990
13	金	320	323	318	319	△ 1	2,883
16	火	324	331	321	330	△ 11	5,227
17	水	333	333	322	326	▲ 4	4,225
18	木	323	326	321	324	▲ 2	3,505
19	金	323	325	321	324	0	2,740
22	月	328	337	327	336	△ 12	4,326
23	火	344	347	339	346	△ 10	6,579
24	水	● 345	349	342	345	▲ 1	3,622
25	木	345	353	345	351	△ 6	3,549
26	金	353	356	343	348	▲ 3	3,287
29	月	348	351	340	340	▲ 8	2,821
30	火	336	338	333	335	▲ 5	1,642
31	水	334	341	333	337	△ 2	1,589

(2) 次は三菱化です。

物価的中秘伝　株式実戦売買表 No. 2

銘柄コード　4010　　　銘柄　三菱化

	年・月	高　値
	(H13. 5)	(434)
下	6	363
下	7	340
上	8	356
・下	(H 9. 4) 10. 7	(435) 290
上	11.10	545
下	12. 4	482

値上がり形式	同化法G4形式
平成13年 前月(9月)月間安値	230円
買　付　け	10月 5日　253円
売　　却	10月17日　283円
純　　益	20,559円
コメント欄	
(注) このG4形式は、本書で初めて公表することになります。この形式も代表的な値上がり形式の1つです。	

三菱化の出来高の推移

週間出来高	
9／3 ～ 7	15,466
10 ～ 14	26,085
17 ～ 21	19,067
25 ～ 28	14,047
10／1 ～ 5	29,850
9 ～ 12	13,727
15 ～ 19	19,268
22 ～ 26	15,080
29 ～ 11／2	14,013

三菱化の信用残の推移

9／ 7	1646	12769	7.76
9／14	2101	12539	5.97
9／21	2759	12359	4.48
9／28	2511	11901	4.74
10／ 5	3886	11909	3.06
10／12	3458	11550	3.34
10／19	4007	10816	2.70
10／26	5310	10096	1.90

銘柄コード：4010　銘柄：三菱化　平成13年10月

日	曜日	始　値	高　値	安　値	終　値	前日比	出来高
						09月末週間出来高	
						09月末出来高端数	
21	金	250	256	245	256	△ 3	3,069
22	土						
23	日						
24	月						
25	火	261	262	241	245	▲ 11	4,908
26	水	246	250	240	250	△ 5	3,740
27	木	250	253	245	251	△ 1	1,926
28	金	253	266	253	253	△ 2	3,473
29	土						
30	日						
1	月	268	277	263	272	△ 19	5,161
2	火	275	277	269	272	0	3,730
3	水	277	277	264	264	▲ 8	3,665
4	木	266	269	242	250	▲ 14	10,552
5	金	● 253	263	250	257	△ 7	6,742
6	土						
7	日						
8	月						
9	火	254	254	247	248	▲ 9	3,724
10	水	249	255	248	252	△ 4	3,495
11	木	257	260	252	259	△ 7	3,255
12	金	260	265	258	265	△ 6	3,253
13	土						
14	日						
15	月	264	267	261	266	△ 1	2,270
16	火	269	280	269	278	△ 12	6,007
17	水	● 283	287	278	282	△ 4	5,836
18	木	280	280	267	271	▲ 11	3,508
19	金	273	273	267	268	▲ 3	1,647
20	土						
21	日						
22	月	269	277	268	275	△ 7	2,438
23	火	271	282	270	282	△ 7	3,251
24	水	279	287	276	282	0	3,624
25	木	280	288	280	286	△ 4	2,339
26	金	283	286	268	274	▲ 12	3,428
27	土						
28	日						
29	月	272	274	262	262	▲ 12	2,926
30	火	259	267	258	264	△ 2	3,617
31	水	259	269	259	262	▲ 2	2,298

(3) 日航をみてみましょう。

物価的中秘伝　株式実戦売買表 No. 3

銘柄コード　9201　　　銘柄　日航

	年・月	高　値
	(H13. 6)	(439)
下	7	407
下	8	396
下	9	358
・下	(H 9. 1) 10. 3	(636) 525
下	11. 8	484
上	12.12	543

値上がり形式	同化法H6形式
平成13年 前月(9月)月間安値	280円
買　付　け	10月11日　264円
売　　却	10月25日　317円
純　　益	42,658円
コメント欄	
(注) 値上がり形式が出たら、その銘柄は1〜3カ月を限度として、「銘柄選択の1つの条件に合格した」としてみていきます。しかし、単数の値上がり形式は、相場の規模の小であることを表します。	

日航の出来高の推移

週間出来高	
9／3〜7	16,773
10〜14	43,620
17〜21	33,000
25〜28	13,514
10／1〜5	14,895
9〜12	16,692
15〜19	9,985
22〜26	20,997
29〜11／2	12,788

日航の信用残の推移

9／7	9352	12936	1.38
9／14	11682	11976	1.03
9／21	8990	11237	1.25
9／28	5241	10432	1.99
10／5	5899	9968	1.69
10／12	6841	9917	1.45
10／19	6033	9714	1.61
10／26	7260	8990	1.24

銘柄コード：9201 銘柄：日航 平成13年10月

日	曜日	始 値	高 値	安 値	終 値	前日比	出来高
					09月末週間出来高		
					09月末出来高端数		
21	金	290	290	283	287	▲ 9	7,108
22	土						
23	日						
24	月						
25	火	296	297	286	291	△ 4	3,817
26	水	292	292	283	287	▲ 4	3,025
27	木	284	287	280	283	▲ 4	3,170
28	金	281	286	280	280	▲ 3	3,501
29	土						
30	日						
1	月	290	292	283	284	△ 4	3,000
2	火	285	288	281	288	△ 4	3,588
3	水	291	292	284	284	▲ 4	2,783
4	木	288	292	285	286	△ 2	2,066
5	金	286	287	281	286	0	3,458
6	土						
7	日						
8	月						
9	火	284	285	271	272	▲ 14	4,025
10	水	270	270	261	261	▲ 11	4,793
11	木	● 264	278	263	278	△ 17	3,093
12	金	287	287	270	278	0	4,784
13	土						
14	日						
15	月	271	281	270	281	△ 3	2,883
16	火	282	283	277	280	▲ 1	1,604
17	水	282	285	279	285	△ 5	2,011
18	木	284	285	280	281	▲ 4	1,440
19	金	281	288	278	288	△ 7	2,047
20	土						
21	日						
22	月	290	294	287	291	△ 3	2,387
23	火	298	302	296	302	△ 11	5,045
24	水	307	323	303	319	△ 17	7,402
25	木	● 317	319	302	306	▲ 13	3,772
26	金	316	317	304	310	△ 4	2,391
27	土						
28	日						
29	月	310	317	301	316	△ 6	3,595
30	火	310	310	301	303	▲ 13	2,581
31	水	307	308	300	300	▲ 3	3,142

(4) 次は大成建です。

物価的中秘伝　株式実戦売買表 No. 4

銘柄コード　1801　　　銘柄　**大成建**

	年・月	高値
	(H 9. 1)	(609)
下	10. 3	430
下	11. 3	307
下	12.12	230
下・下	(H13. 5) 6	(349) 327
上	7	335
上	8	390

値上がり形式	同化法H5形式
平成13年 前月(10月)月間安値	332円 ＝ 330円
買付け	11月15日　313円
売却	11月22日　350円
純益	25,321円
コメント欄	
(注) 買い目ゾーンを見る場合、「1ケタ台は端数として切り捨て」て見ていきます。332円は「330円台」であるとみます(以下同じ)。	

大成建の出来高の推移

週間出来高	
10／1 ～ 5	26,317
9 ～ 12	17,138
15 ～ 19	22,906
22 ～ 26	16,242
29 ～ 11／2	14,352
5 ～ 9	10,720
12 ～ 16	16,513
19 ～ 22	14,584
26 ～ 30	16,129

大成建の信用残の推移

10／5	8333	2710	0.33
10／12	5447	3269	0.60
10／19	4895	3330	0.68
10／26	6072	2469	0.41
11／2	6084	2460	0.40
11／9	6045	2825	0.47
11／16	6195	2869	0.46
11／22	6023	2654	0.44

銘柄コード：1801　銘柄：大成建　平成13年11月

日	曜日	始　値	高　値	安　値	終　値	前日比	出来高
						10月末週間出来高	
						10月末出来高端数	
25	木	362	370	359	370	△ 1	3,107
26	金	375	380	363	369	▲ 1	6,450
27	土						
28	日						
29	月	371	372	363	367	▲ 2	2,968
30	火	362	377	360	374	△ 7	3,034
31	水	374	384	363	365	▲ 9	4,245
1	木	370	370	357	360	▲ 5	2,016
2	金	360	363	348	348	▲ 12	2,089
3	土						
4	日						
5	月	349	352	344	352	△ 4	1,660
6	火	347	348	338	345	▲ 7	2,700
7	水	340	343	337	342	▲ 3	2,177
8	木	340	342	336	341	▲ 1	1,613
9	金	340	340	335	339	▲ 2	2,570
10	土						
11	日						
12	月	335	340	330	334	▲ 5	2,306
13	火	327	328	313	317	▲ 17	2,461
14	水	321	323	315	316	▲ 1	3,573
15	木	● 313	326	307	323	△ 7	4,205
16	金	328	335	318	321	▲ 2	3,968
17	土						
18	日						
19	月	321	337	320	337	△ 16	3,644
20	火	342	348	339	344	△ 7	4,765
21	水	340	352	338	351	△ 7	3,576
22	木	● 350	350	332	344	▲ 7	2,599
23	金						
24	土						
25	日						
26	月	353	359	348	357	△ 13	3,047
27	火	362	369	357	360	△ 3	4,281
28	水	355	355	338	338	▲ 22	2,944
29	木	335	337	333	335	▲ 3	2,597
30	金	336	345	330	338	△ 3	3,260

(5) 東レの例です。

物価的中秘伝　株式実戦売買表 No. 5

銘柄コード　3402　　　　銘柄　東レ

	年・月	高　値
	(H13. 6)	(585)
下	7	528
下	8	436
下・	9	390
下	(H10. 7) 11. 4	(745) 665
下	12. 1	484
上	13. 6	585

値上がり形式	同化法H6形式
平成13年 前月(10月)月間安値	310円
買　付　け	11月14日　313円
売　　　却	11月22日　342円
純　　　益	17,502円

コメント欄

同社株は、前月(10月)にも買付け成功しています。私はこの仕事を20余年やっています。誇りに思うことは、どこから広まったのか、別名「堺の株寺」と言って、毎月大勢の人が入場されます。これもひとえに、李先生のお陰だと思います。

東レの出来高の推移

週　間　出　来　高	
10／1 ～ 5	21,281
9 ～ 12	14,072
15 ～ 19	18,580
22 ～ 26	21,363
29 ～ 11／2	10,101
5 ～ 9	7,659
12 ～ 16	15,593
19 ～ 22	10,370
26 ～ 30	10,623

東レの信用残の推移

10／5	1908	7810	4.09
10／12	3108	7967	2.56
10／19	1715	8546	4.98
10／26	3052	7664	2.51
11／2	2791	7333	2.63
11／9	2971	7256	2.44
11／16	4228	7476	1.77
11／22	3689	6845	1.86
11／30	2849	6447	2.26

銘柄コード：3402　銘柄：東レ　平成13年11月

日	曜日	始　値	高　値	安　値	終　値	前日比	出来高
					10月末週間出来高		
					10月末出来高端数		
25	木	345	353	345	351	△ 6	3,549
26	金	353	356	343	348	▲ 3	3,287
27	土						
28	日						
29	月	348	351	340	340	▲ 8	2,821
30	火	336	338	333	335	▲ 5	1,642
31	水	337	341	333	337	△ 2	1,589
1	木	336	338	331	334	▲ 3	1,969
2	金	334	341	331	332	▲ 2	2,080
3	土						
4	日						
5	月	334	336	333	335	△ 3	1,104
6	火	338	341	333	335	0	1,904
7	水	335	337	329	329	▲ 6	2,289
8	木	330	334	329	333	△ 4	914
9	金	337	336	330	332	▲ 1	1,448
10	土						
11	日						
12	月	331	334	319	319	▲ 13	1,538
13	火	321	323	310	311	▲ 8	3,178
14	水	● 313	317	301	303	▲ 8	4,851
15	木	305	330	304	328	△ 25	4,124
16	金	324	330	316	320	▲ 8	1,902
17	土						
18	日						
19	月	322	347	322	341	△ 21	3,669
20	火	346	347	340	340	▲ 1	3,328
21	水	345	347	340	343	△ 3	1,983
22	木	● 342	344	337	342	▲ 1	1,390
23	金						
24	土						
25	日						
26	月	347	356	344	355	△ 13	2,330
27	火	350	352	345	345	▲ 10	2,220
28	水	344	348	340	340	▲ 5	1,626
29	木	336	344	336	343	△ 3	1,927
30	金	348	348	337	337	▲ 6	2,520

(6) こんどは三菱化です。

物価的中秘伝　株式実戦売買表 No. 6

銘柄コード　4010　　　銘柄　三菱化

	年・月	高値
	(H13. 5)	(434)
下 ●	6	363
下 ●	7	340
上 ●	8	356
下 ●	9	294
下 ●	10	288
上 ●	11	305

値上がり形式	G5形式
平成13年 前月（11月）月間安値	253円 ＝ 250円
買付け	12月20日　269円
売却	（平成14年） 1月 8日　294円
純益	15,116円
コメント欄	
株に勝ったから、儲かったからといって、有頂天になったり遊びにいったりしていてはなりません。冷静に慎重に、次の銘柄選択に移ります。騒ぐはただ株式市場と、太平洋にしぶく怒濤のみ…。	

三菱化の出来高の推移

週間出来高	
10／29～11／2	14,013
5 ～ 9	12,879
12 ～ 16	24,078
19 ～ 22	29,549
26 ～ 30	19,961
12／3 ～ 7	13,361
10 ～ 14	16,143
17 ～ 21	12,328
25 ～ 28	6,708
1／4	1,630
7 ～ 11	20,677
15 ～ 18	9,588
21 ～ 25	22,659
28 ～ 2／1	24,324

三菱化の信用残の推移

11／2	5441	10266	1.89
11／9	6569	8639	1.32
11／16	8030	7228	0.90
11／22	7433	5869	0.79
11／30	6877	5254	0.76
12／7	6599	5049	0.77
12／14	6826	4923	0.72
12／21	6922	4422	0.64
12／28	—	—	—
1／4	4762	4127	0.87
1／11	5906	3136	0.53
1／18	5755	2955	0.51
1／25	6351	2601	0.41

銘柄コード：4010　銘柄：三菱化

平成13年12月

日	曜日	始値	高値	安値	終値	前日比	出来高
					11月末週間出来高		
					11月末出来高端数		
26	月	291	302	291	299	△ 13	5,187
27	火	299	303	295	295	▲ 4	3,477
28	水	291	301	285	285	▲ 10	5,177
29	木	285	286	282	283	▲ 2	2,995
30	金	285	285	276	276	▲ 7	3,125
1	土						
2	日						
3	月	281	281	273	275	▲ 1	2,586
4	火	278	280	273	279	△ 4	3,134
5	水	281	287	280	280	△ 1	2,442
6	木	283	287	279	287	△ 7	2,306
7	金	293	295	282	282	▲ 5	2,893
8	土						
9	日						
10	月	280	284	266	266	▲ 16	1,849
11	火	266	278	265	271	△ 5	2,708
12	水	268	281	267	281	△ 10	2,250
13	木	280	283	271	271	▲ 10	2,295
14	金	268	275	267	275	△ 4	7,041
15	土						
16	日						
17	月	279	279	267	272	▲ 3	2,148
18	火	273	275	259	265	▲ 7	2,041
19	水	260	269	255	264	▲ 1	2,684
20	木	● 269	276	266	271	△ 7	2,565
21	金	273	279	272	279	△ 8	2,890
22	土						
23	日						
24	月						
25	火	279	280	273	276	▲ 3	2,001
26	水	277	277	270	277	△ 1	1,293
27	木	277	280	273	280	△ 3	1,721
28	金	275	280	270	279	▲ 1	1,693
29	土						
30	日						
31	月						

平成14年01月

日	曜日	始値	高値	安値	終値	前日比	出来高
					12月末週間出来高		
					12月末出来高端数		
1	火						
2	水						
3	木						
4	金	283	286	278	285	△ 6	1,630
5	土						
6	日						
7	月	290	293	285	292	△ 7	3,830
8	火	● 294	294	284	290	▲ 2	4,447
9	水	289	291	284	288	▲ 2	3,536
10	木	285	294	285	292	△ 4	3,770
11	金	297	☆298	292	294	△ 2	5,094
12	土						
13	日						
14	月						
15	火	292	292	284	287	▲ 7	2,586
16	水	284	290	281	285	▲ 2	2,086
17	木	285	288	283	283	▲ 2	2,073
18	金	292	298	288	298	△ 15	2,843
19	土						
20	日						
21	月	295	☆301	294	297	▲ 1	7,543
22	火	294	297	289	290	▲ 7	2,482
23	水	292	300	292	294	△ 4	3,603
24	木	291	294	285	293	▲ 1	4,514
25	金	296	300	291	298	△ 5	4,517
26	土						
27	日						
28	月	308	☆319	308	316	△ 18	10,311
29	火	313	313	305	306	▲ 10	3,984
30	水	300	301	294	299	▲ 7	3,131
31	木	299	307	296	304	△ 5	3,874

(7) 次は商船三井の実戦例に移ります。

物価的中秘伝　株式実戦売買表 No. 7

銘柄コード　9104　　　銘柄　商船三井

	年・月	高　値
	（H10. 7）	（250）
上	11. 5	329
下	12.10	256
上	13. 6	380
・	（H13. 7）	（366）
下	8	333
下	9	276
上	10	316

値上がり形式	同化法C2形式
平成13年 前月（11月）月間安値	255円 ＝ 250円
買　付　け	12月 6日　255円
売　　　却	（平成14年） 1月28日　278円
純　　　益	13,647円
コメント欄	
買付け後、売却するのに約1カ月もかかりました。それでも十分な収益となりました。	

商船三井の出来高の推移

週　間　出　来　高	
10／29～11／2	17,438
5 ～　9	16,480
12 ～ 16	20,907
19 ～ 22	17,175
26 ～ 30	23,397
12／3 ～ 7	17,364
10 ～ 14	19,190
17 ～ 21	16,002
25 ～ 28	7,191
1／4	902
7 ～ 11	14,192
15 ～ 18	8,820
21 ～ 25	20,774
28 ～ 2／1	16,404

商船三井の信用残の推移

11／ 2	4113	3614	0.88
11／ 9	4790	3537	0.74
11／16	4477	3475	0.78
11／22	3999	3706	0.93
11／30	4770	4006	0.84
12／ 7	3630	4061	1.12
12／14	4914	4101	0.83
12／21	4493	3755	0.84
12／28	—	—	—
1／ 4	4379	3493	0.80
1／11	4988	3328	0.67
1／18	4488	3253	0.72
1／25	6513	3330	0.51

銘柄コード：9104　銘柄：商船三井

平成13年12月

日	曜日	始値	高値	安値	終値	前日比	出来高
					11月末週間出来高		
					11月末出来高端数		
26	月	269	275	266	273	△ 8	3,943
27	火	283	288	276	282	△ 9	7,092
28	水	277	279	268	270	▲ 12	3,162
29	木	265	268	261	266	▲ 4	2,843
30	金	263	268	257	268	△ 2	6,357
1	土						
2	日						
3	月	266	267	257	260	▲ 8	2,134
4	火	257	258	254	257	▲ 3	4,362
5	水	256	256	248	250	▲ 7	4,074
6	木	● 255	264	254	260	△ 10	5,427
7	金	259	259	254	255	▲ 5	1,367
8	土						
9	日						
10	月	251	253	245	250	▲ 5	3,900
11	火	245	249	242	248	▲ 2	2,489
12	水	244	257	243	254	△ 6	3,001
13	木	254	254	247	249	▲ 5	2,771
14	金	250	253	249	250	△ 1	7,029
15	土						
16	日						
17	月	249	255	242	246	▲ 4	4,048
18	火	250	253	242	248	△ 2	3,307
19	水	243	248	241	244	▲ 4	3,233
20	木	242	246	240	246	△ 2	2,930
21	金	246	252	243	252	△ 6	2,484
22	土						
23	日						
24	月						
25	火	253	254	244	252	0	1,442
26	水	248	253	245	248	▲ 4	2,870
27	木	252	255	248	254	△ 6	1,370
28	金	255	264	252	264	△ 10	1,509
29	土						
30	日						
31	月						

平成14年01月

日	曜日	始値	高値	安値	終値	前日比	出来高
					12月末週間出来高		
					12月末出来高端数		
1	火						
2	水						
3	木						
4	金	267	☆269	256	262	▲ 2	902
5	土						
6	日						
7	月	261	☆271	258	265	△ 3	2,922
8	火	266	269	258	258	▲ 7	2,930
9	水	260	264	258	262	△ 4	1,842
10	木	265	267	261	262	0	3,773
11	金	265	267	258	263	△ 1	2,725
12	土						
13	日						
14	月						
15	火	258	260	255	256	▲ 7	2,623
16	水	251	254	249	250	▲ 6	2,502
17	木	249	252	248	250	0	1,410
18	金	248	257	248	257	△ 7	2,285
19	土						
20	日						
21	月	256	☆279	255	269	△ 12	4,576
22	火	273	275	259	263	▲ 6	4,385
23	水	258	267	256	266	△ 3	2,752
24	木	265	272	263	264	▲ 2	3,415
25	金	272	☆282	267	278	△ 14	5,646
26	土						
27	日						
28	月	● 278	☆284	270	272	▲ 6	3,994
29	火	274	278	271	272	0	2,860
30	水	277	282	273	276	△ 4	4,310
31	木	276	297	272	274	▲ 2	2,086

(8) 大成建をみてみましょう。

物価的中秘伝　株式実戦売買表 No. 8

銘柄コード　1801　　　銘柄　大成建

	年・月	高　値
	（H10. 3）	（430）
下	11. 3	307
下	12.12	230
上	13.10	400
・ 上	（H13. 7） 8	（335） 390
上	9	390
上	10	400

値上がり形式	同化法G3形式
平成13年 前月（12月）月間安値	254円 ＝ 250円
買　付　け	1月16日　227円
売　　却	1月22日　255円
純　　益	19,505円
コメント欄	

（注）このG3形式も、本書で初めて公表するものです。同社株は11月にも買付け成功しています。このように複数の値上がり形式が出る場合は、きまって大相場になることが多いものです。

大成建の出来高の推移

週間出来高	
12／3 ～ 7	15,703
10 ～ 14	28,597
17 ～ 21	19,275
25 ～ 28	9,373
1／4	1,336
7 ～ 11	21,842
15 ～ 18	13,374
21 ～ 25	23,983
28 ～ 2／1	15,445

大成建の信用残の推移

12／7	8243	2262	0.27
12／14	6701	2695	0.40
12／21	6092	2876	0.47
12／28	—	—	—
1／4	4901	2776	0.57
1／11	5276	3545	0.67
1／18	4246	3488	0.82
1／25	5376	3057	0.57

銘柄コード：1801　銘柄：大成建　平成14年01月

日	曜日	始　値	高　値	安　値	終　値	前日比	出来高
						12月末週間出来高	
						12月末出来高端数	
21	金	279	287	266	273	▲　1	3,698
22	土						
23	日						
24	月						
25	火	273	273	259	271	▲　2	2,504
26	水	270	278	268	276	△　5	2,534
27	木	278	282	271	282	△　6	2,990
28	金	282	285	272	284	△　2	1,345
29	土						
30	日						
31	月						
1	火						
2	水						
3	木						
4	金	283	284	277	282	▲　2	1,336
5	土						
6	日						
7	月	279	282	272	278	▲　4	3,223
8	火	277	283	272	280	△　2	3,592
9	水	265	269	261	261	▲　19	3,576
10	木	251	256	241	243	▲　18	6,420
11	金	242	244	229	235	▲　8	5,031
12	土						
13	日						
14	月						
15	火	230	230	220	227	▲　8	5,491
16	水	●　227	237	225	230	△　3	1,835
17	木	232	240	231	235	△　5	2,352
18	金	240	245	238	245	△　10	3,696
19	土						
20	日						
21	月	249	254	241	247	△　2	5,759
22	火	●　255	259	242	242	▲　5	6,536
23	水	242	254	240	253	△　11	2,787
24	木	254	258	248	255	△　2	2,956
25	金	260	271	257	270	△　15	5,945
26	土						
27	日						
28	月	270	270	263	267	▲　3	2,798
29	火	271	280	268	275	△　8	3,186
30	水	270	274	260	264	▲　11	3,246
31	木	266	270	262	266	△　2	3,964

(9) 次は東レです。

物価的中秘伝　株式実戦売買表 No. 9

銘柄コード　3402　　　　銘柄　東レ

	年・月	高　値
	（H13. 9）	（390）
下	10	356
下	11	356
下	12	341
・ 下	（H10. 7） 11. 4	（745） 665
下	12. 1	484
上	13. 6	585

値上がり形式	同化法H6形式
平成13年 前月（12月）月間安値	300円
買付け 不可	月　日　　円
売　　却	月　日　　円
純　　益	0円

コメント欄
同社株は、同化法でH6という値上がり形式が出ましたが、出来高をみても信用残をみても勢いがなく、買付ける意欲がわきません。見送ることにしました。結果的にみても、値動きらしい値動きはありませんでした。

東レの出来高の推移

週間出来高	
12／3 ～ 7	18,561
10 ～ 14	26,896
17 ～ 21	17,598
25 ～ 28	5,983
1／4	1,325
7 ～ 11	11,710
15 ～ 18	9,499
21 ～ 25	13,553
28 ～ 2／1	16,258

東レの信用残の推移

12／ 7	2422	6620	2.73
12／14	3371	6990	2.07
12／21	3487	6707	1.92
12／28	—	—	—
1／ 4	1994	6327	3.17
1／11	2749	5743	2.09
1／18	2290	5145	2.25
1／25	2453	5044	2.06

銘柄コード：3402　銘柄：東レ　平成14年01月

日	曜日	始　値	高　値	安　値	終　値	前日比	出来高
					12月末週間出来高		
					12月末出来高端数		
21	金	311	315	308	313	0	3,052
22	土						
23	日						
24	月						
25	火	311	313	304	311	▲ 2	1,954
26	水	310	311	305	308	▲ 3	2,217
27	木	308	312	307	312	△ 4	1,015
28	金	314	317	310	317	△ 5	797
29	土						
30	日						
31	月						
1	火						
2	水						
3	木						
4	金	317	318	310	315	▲ 2	642
5	土						
6	日						
7	月	316	329	314	326	△ 11	1,525
8	火	325	332	320	329	△ 3	2,745
9	水	324	332	323	327	▲ 2	2,389
10	木	328	330	317	319	▲ 8	2,346
11	金	324	326	316	320	△ 1	2,705
12	土						
13	日						
14	月						
15	火	316	320	310	312	▲ 8	3,727
16	水	312	320	312	316	△ 4	2,145
17	木	316	320	314	315	▲ 1	1,936
18	金	317	325	315	324	△ 9	1,691
19	土						
20	日						
21	月	324	332	320	327	△ 3	1,625
22	火	323	325	315	321	▲ 6	2,552
23	水	317	320	313	313	▲ 8	2,890
24	木	314	317	307	313	0	2,444
25	金	312	313	306	310	▲ 3	4,042
26	土						
27	日						
28	月	315	321	313	319	△ 9	2,873
29	火	320	324	314	315	▲ 4	3,750
30	水	310	314	308	312	▲ 3	2,635
31	木	312	315	309	315	△ 3	2,317

⑽ 三菱化をみてみましょう。

物価的中秘伝　株式実戦売買表 No. 10

銘柄コード　4010　　　銘柄　三菱化

	年・月	高　値
	(H13. 8)	(356)
下	9	294
下	10	288
上	11	305
上・下	(H 9. 4) 10. 7	(435) 290
上	11.10	545
下	12. 4	482

値上がり形式	同化法G4形式
平成13年 前月(12月)月間安値	255円 ＝ 250円
買　付　け 不　　　可	月　日　　円
売　　　却	月　日　　円
純　　　益	0円
コメント欄	
(注) 買い目ゾーンは、「前月安値」をとります。許容誤差は「プラス・マイナス20円」くらいとします。すると同社株は、230円～270円が買い目ゾーンとなります。月初めから月末まで、「終値」が買い目ゾーンに入った日はありません。買付け不可です。	

三菱化の出来高の推移

週間出来高	
12／3 ～ 7	13,361
10 ～ 14	16,143
17 ～ 21	12,328
25 ～ 28	6,708
1／4	1,630
7 ～ 11	20,677
15 ～ 18	9,588
21 ～ 25	22,659
28 ～ 2／1	24,324

三菱化の信用残の推移

11／2	5441	10266	1.89
11／9	6569	8639	1.32
11／16	8030	7228	0.90
11／22	7433	5869	0.79
11／30	6877	5254	0.76
12／7	6599	5049	0.77
12／14	6826	4923	0.72
12／21	6922	4422	0.64
12／28	—	—	—
1／4	4762	4127	0.87
1／11	5906	3136	0.53
1／18	5755	2955	0.51
1／25	6351	2601	0.41

銘柄コード：4010　銘柄：三菱化　平成14年01月

日	曜日	始　値	高　値	安　値	終　値	前日比	出来高
						12月末週間出来高	
						12月末出来高端数	
21	金	273	279	272	279	△ 8	2,890
22	土						
23	日						
24	月						
25	火	279	280	273	276	▲ 3	2,001
26	水	277	277	270	277	△ 1	1,293
27	木	277	280	273	280	△ 3	1,721
28	金	275	280	270	279	▲ 1	1,693
29	土						
30	日						
31	月						
1	火						
2	水						
3	木						
4	金	283	286	278	285	△ 6	1,630
5	土						
6	日						
7	月	290	293	285	292	△ 7	3,830
8	火	294	294	284	290	▲ 2	4,447
9	水	289	291	284	288	▲ 2	3,536
10	木	285	294	285	292	△ 4	3,770
11	金	297	☆298	292	294	△ 2	5,094
12	土						
13	日						
14	月						
15	火	292	292	284	287	▲ 7	2,586
16	水	284	290	281	285	▲ 2	2,086
17	木	285	288	283	283	▲ 2	2,073
18	金	292	298	288	298	△ 15	2,843
19	土						
20	日						
21	月	295	☆301	294	297	▲ 1	7,543
22	火	294	297	289	290	▲ 7	2,482
23	水	292	300	292	294	△ 4	3,603
24	木	291	294	285	293	▲ 1	4,514
25	金	296	300	291	298	△ 5	4,517
26	土						
27	日						
28	月	308	☆319	308	316	△ 18	10,311
29	火	313	313	305	306	▲ 10	3,984
30	水	300	301	294	299	▲ 7	3,131
31	木	299	307	296	304	△ 5	3,874

(11) 次は伊藤忠です。

物価的中秘伝　株式実戦売買表 No. 11

銘柄コード　8001　　　銘柄　伊藤忠

	年・月	高　値
	(H13. 9)	(405)
下	10	397
下	11	363
下	12	335
・下	(H 9. 5) 10. 3	(655) 404
上	11.11	610
上	12. 3	625

値上がり形式	同化法H5形式
平成13年 前月(12月)月間安値	269円 ＝ 260円
買　付　け	1月16日　283円
売　　却	1月22日　313円
純　　益	19,520円

コメント欄

買付け後売却まで4日間（定休日を除く）。株式投資もこういった株ばかりだと楽しいものです。

伊藤忠の出来高の推移

週間出来高	
12／3 〜 7	14,330
10 〜 14	25,052
17 〜 21	26,508
25 〜 28	8,160
1／4	1,065
7 〜 11	17,229
15 〜 18	16,080
21 〜 25	20,965
28 〜 2／1	14,146

伊藤忠の信用残の推移

12／7	3176	7405	2.33
12／14	4257	8032	1.89
12／21	4748	8427	1.77
12／28	—	—	—
1／4	3690	7540	2.04
1／11	4919	7141	1.45
1／18	7645	7529	0.98
1／25	3045	7967	2.62

銘柄コード：8001　銘柄：伊藤忠　平成14年01月

日	曜日	始　値	高　値	安　値	終　値	前日比	出来高
					12月末週間出来高		
					12月末出来高端数		
21	金	300	307	290	291	▲ 11	2,892
22	土						
23	日						
24	月						
25	火	291	291	283	288	▲ 3	2,049
26	水	298	298	290	290	△ 2	2,033
27	木	299	303	296	303	△ 13	2,878
28	金	307	308	295	296	▲ 7	1,200
29	土						
30	日						
31	月						
1	火						
2	水						
3	木						
4	金	306	310	299	306	△ 10	1,065
5	土						
6	日						
7	月	306	324	303	323	△ 17	3,191
8	火	320	323	311	317	▲ 6	2,808
9	水	322	325	318	322	△ 5	3,383
10	木	324	324	310	310	▲ 12	3,372
11	金	305	310	294	296	▲ 14	4,475
12	土						
13	日						
14	月						
15	火	288	289	279	283	▲ 13	7,425
16	水	● 283	296	282	291	△ 8	3,737
17	木	286	293	283	288	▲ 3	2,579
18	金	293	303	292	303	△ 15	2,339
19	土						
20	日						
21	月	303	308	300	305	△ 2	3,233
22	火	● 313	316	288	288	▲ 17	4,861
23	水	291	302	291	300	△ 12	3,333
24	木	295	299	286	287	▲ 13	3,990
25	金	290	291	278	288	△ 1	5,548
26	土						
27	日						
28	月	290	295	285	290	△ 2	2,948
29	火	292	292	283	284	▲ 6	2,452
30	水	286	289	282	289	△ 5	3,297
31	木	286	290	284	287	▲ 2	1,737

⑿ 東急をみてみましょう。

物価的中秘伝　株式実戦売買表 No. 12

銘柄コード　9005　　　**銘柄　東急**

	年・月	高　値
	(H13. 9)	(706)
下	10	599
下	11	553
下	12	476
・下	(H10. 3) 11. 4	(578) 364
上	12.12	625
上	13. 8	795

値上がり形式	同化法H5形式
平成13年 前月(12月)月間安値	353円 ＝ 350円
買　付　け	1月16日　375円
売　　　却	1月22日　411円
純　　　益	22,196円

コメント欄

この株も買付け日4日間で売却できました。収益的にも悪くありません。何度も言うようですが、「物価的中秘伝」これさえあれば、何で株に勝つために女神の守護を必要としましょうか。そんなものは必要でない。

東急の出来高の推移

週　間　出　来　高	
12／3 ～ 7	22,765
10 ～ 14	32,275
17 ～ 21	19,398
25 ～ 28	6,503
1／4	1,532
7 ～ 11	15,438
15 ～ 18	9,157
21 ～ 25	12,455
28 ～ 2／1	11,546

東急の信用残の推移

12／ 7	4414	3463	0.78
12／14	5185	4058	0.78
12／21	3817	3724	0.98
12／28	—	—	—
1／ 4	3090	3497	1.13
1／11	3187	3528	1.11
1／18	3610	3550	0.98
1／25	3090	3693	1.20

銘柄コード：9005　銘柄：東急　平成14年01月

日	曜日	始　値	高　値	安　値	終　値	前日比	出来高
						12月末週間出来高	
						12月末出来高端数	
21	金	386	396	378	386	△　10	6,783
22	土						
23	日						
24	月						
25	火	386	389	373	381	▲　5	2,111
26	水	383	384	372	374	▲　7	1,512
27	木	373	391	371	391	△　17	1,417
28	金	392	397	388	395	△　4	1,463
29	土						
30	日						
31	月						
1	火						
2	水						
3	木						
4	金	410	410	392	404	△　9	1,532
5	土						
6	日						
7	月	395	395	384	388	▲　16	3,116
8	火	391	392	385	387	▲　1	1,899
9	水	387	388	379	381	▲　6	2,286
10	木	396	397	386	387	△　6	4,400
11	金	393	397	387	392	△　5	3,737
12	土						
13	日						
14	月						
15	火	382	385	375	375	▲　17	3,027
16	水	● 375	383	375	376	△　1	1,789
17	木	386	393	383	384	△　8	1,394
18	金	394	405	385	405	△　21	2,947
19	土						
20	日						
21	月	404	418	399	414	△　9	3,874
22	火	● 411	411	392	392	▲　22	2,319
23	水	397	402	392	392	0	1,623
24	木	397	403	390	393	△　1	1,065
25	金	392	394	381	383	▲　10	3,574
26	土						
27	日						
28	月	390	399	388	390	△　7	1,865
29	火	391	394	386	386	▲　4	1,661
30	水	385	388	378	379	▲　7	1,905
31	木	379	383	370	370	▲　9	2,931

(13) 大成建の例です。

物価的中秘伝　株式実戦売買表 No. 13

銘柄コード　1801　　　銘柄　**大成建**

	年・月	高　値
	(H13.10)	(599)
下	11	553
下	12	476
下	H14. 1	418
・下	(H10. 3) 11. 3	(430) 307
下	12.12	230
上	13.10	400

値上がり形式	同化法H6形式
平成14年 前月(1月)月間安値	220円
買　付　け	2月 5日　234円
売　　却	2月13日　265円
純　　益	22,194円

コメント欄

当所で月に1回行う「株式実戦売買研修」(3,000円) を受講された方には、受講月に限り、値上がり直前株を「売買研修銘柄」としてFAX送信し、研修を助勢しています。これが1つの人気となって、最近、東京方面の方が、かなり多くなりました。

大成建の出来高の推移

週　間　出　来　高	
1／4	1,336
7 ～ 11	21,842
15 ～ 18	13,374
21 ～ 25	23,983
28 ～ 2／1	15,445
4 ～　8	19,348
12 ～ 15	10,914
18 ～ 22	11,424
25 ～ 3／1	14,599

大成建の信用残の推移

12／ 7	8243	2262	0.27
12／14	6701	2695	0.40
12／21	6092	2876	0.47
12／28	—	—	—
1／ 4	4901	2776	0.57
1／11	5276	3545	0.67
1／18	4246	3488	0.82
1／25	5376	3057	0.57

銘柄コード：1801　銘柄：大成建　平成14年02月

日	曜日	始　値	高　値	安　値	終　値	前日比	出来高	週間出来高計
25	金	260	271	257	270	△ 15	5,945	
26	土							
27	日							
28	月	270	270	263	267	▲ 3	2,798	
29	火	271	280	268	275	△ 8	3,186	
30	水	270	274	260	264	▲ 11	3,246	
31	木	266	270	262	266	△ 2	3,964	
1	金	266	266	250	254	▲ 12	2,251	15,445
2	土							
3	日							
4	月	245	246	235	236	▲ 18	5,225	
5	火	●234	245	233	236	0	3,353	
6	水	239	241	236	240	△ 4	1,230	
7	木	238	251	234	248	△ 8	3,193	
8	金	258	271	257	265	△ 17	6,347	19,348
9	土							
10	日							
11	月							
12	火	270	280	266	269	△ 4	3,381	
13	水	●265	274	262	266	▲ 3	2,246	
14	木	272	277	259	263	▲ 3	2,202	
15	金	260	271	260	270	△ 7	3,085	10,914
16	土							
17	日							
18	月	275	283	271	274	△ 4	2,760	
19	火	275	276	258	258	▲ 16	2,060	
20	水	253	266	250	265	△ 7	2,686	
21	木	264	274	262	273	△ 8	1,961	
22	金	270	273	262	269	▲ 4	1,957	11,424
23	土							
24	日							
25	月	274	278	268	269	0	1,854	
26	火	274	276	267	270	△ 1	1,811	
27	水	275	284	275	284	△ 14	2,730	
28	木	299	☆307	291	297	△ 13	4,806	

⑭ 旭化成についてみて下さい。

物価的中秘伝　株式実戦売買表 No. 14

銘柄コード　3407　　　　銘柄　旭化成

	年・月	高　値
	(H13. 5)	(650)
下 ●	6	571
下 ●	7	530
上 ●	8	533
・下 ●	9	455
下 ●	10	442
上 ●	11	466

値上がり形式	G5形式
平成14年 前月(1月)月間安値	370円
買　付　け	2月 6日　348円
売　　却	2月15日　385円
純　　益	24,108円

コメント欄

以上をもって解説を終ります。いかがでしたか、物価的中秘伝による株式売買。私と研修生は、これを朝飯前に行っています。よくマスターされ、あなたも日本一の株名人になって下さい。

旭化成の出来高の推移

週間出来高	
1／4	665
7 ～ 11	12,697
15 ～ 18	11,787
21 ～ 25	14,820
28 ～ 2／1	21,245
4 ～ 8	19,735
12 ～ 15	18,243
18 ～ 22	14,120
25 ～ 3／1	22,685

旭化成の信用残の推移

12／7	3159	2302	0.73
12／14	3506	2107	0.60
12／21	1655	1752	1.06
12／28	—	—	—
1／4	1616	1523	0.94
1／11	1536	1703	1.11
1／18	2223	1910	0.86
1／25	2841	2092	0.74

銘柄コード：3407　銘柄：旭化成　平成14年02月

日	曜日	始　値	高　値	安　値	終　値	前日比	出来高	週間 出来高計
25	金	339	402	391	399	▲　5	3,348	
26	土							
27	日							
28	月	399	403	396	398	▲　1	3,623	
29	火	398	400	385	386	▲　12	3,172	
30	水	375	378	370	373	▲　13	6,045	
31	木	376	380	372	380	△　7	4,334	
1	金	375	379	354	362	▲　18	4,071	21,245
2	土							
3	日							
4	月	360	367	354	356	▲　6	2,509	
5	火	353	354	340	343	▲　13	3,728	
6	水	● 348	361	346	358	△　15	3,938	
7	木	358	362	353	356	▲　2	2,889	
8	金	353	357	346	355	▲　1	6,671	19,735
9	土							
10	日							
11	月							
12	火	365	365	355	358	△　3	4,200	
13	水	360	371	359	370	△　12	4,996	
14	木	380	387	378	381	△　11	5,579	
15	金	● 385	385	374	379	▲　2	3,468	18,243
16	土							
17	日							
18	月	378	381	376	380	△　1	1,278	
19	火	380	381	364	366	▲　14	2,078	
20	水	361	368	358	364	▲　2	2,109	
21	木	368	371	363	368	△　4	4,662	
22	金	363	370	357	370	▲　2	3,993	14,120
23	土							
24	日							
25	月	374	377	369	377	△　7	4,342	
26	火	380	382	366	371	▲　6	3,641	
27	水	374	388	371	387	△　16	3,431	
28	木	397	410	391	398	△　11	9,390	

第7章

株式講演録

私は株の専門家でもなければ投資コンサルタントでもありません。「三度のメシより株が好き」という、いわゆる株キチの部類に入る人間です。以前は株で負けて負けて、どれほどくやしい思いをしたかもしれません。

滅茶苦茶な売買に加えて信用取引による失敗、さらに事業の倒産等で巨額の借金をつくってしまった時期もありました。親兄弟はもとより親類知人等にまで金の無心をしたこともたびたびありました。「あいつには口を利くな！　どうせ金貸してくれだろう」というので、私が訪ねると、こそこそ逃げ隠れする者も大勢いたようです。

ところが、本書にも述べた通り、香港の株の大家李先生に『物価的中秘伝』による株式投資法を習って以来、儲かる株式投資へと変わってきたのです。借金は全部返済出来たし、生活にも少しは余裕というものができてきました。私が「株をやって家を建てなさいよ」というと、ほとんどの人は冗談だと思うようです。以前の私を知る人なら、それも、よくないほうの冗談だと思うらしく「アハハハ……」と大笑いをします。

株というのは損をするもの、また、けっして儲からないもの、ひどい場合は夜逃げや一家離散の憂き目をみたりするもの、という考え方をもっている人がまだ大勢いるようです。そうでしょうか。いや、そういった考え方は正しくありません。株とは——売買技術さえ錬成したら、誰でも儲けることができるものなのです。もちろん、それだけの知識と正しい方法を体得してこそはじめてできるわけです。

よく勉強して、自分の思うように株を目いっぱい楽しんで、よく儲けて豊かに生きるべきです。私は自分の人生を終わるとき、「株はどうでした」と聞かれたら「お陰で、あれには勝った」といって死にたいのです。

私は『物価的中秘伝』の伝授を受け、実際に投資経験をつみ、これならもう絶対に大丈夫だという確信を持つに至ったのです。そこで、近所の人や株の愛好者、また用事で家へくる人たちに、「この株は買い時ですヨ、千株だけでも買っときなさい」と声をかけます。

最初のころは「上がって儲かるなら、自分で買えばいいじゃないか」というような人が多くいました。無理もないことで、半信半疑だったのでしょう。なかには銘柄と買い値をメモしておき、新聞の相場欄をみて「ほんと、あの人が言った株が上がっている。何か信念みたいなものがあるんやろなー」ということで、人が集まってくるようになってきました。買えば値上がりする、上がるから買う、ということが今日までずっと続いているわけです。

「先生は、株の名人や」「先生は、株の達人ですヨ」と、儲かった人から伝え聞いて次々に人が来ます。名人や達人といった言い方はまことに迷惑で、私は名人でもなければ達人でもないのです。株の恐ろしさを十分知っているがゆえに、無理な冒険だけはしたくないと常々思って行動しているだけなのです。

「低位株への投資」「短期の場合、一銘柄につき一千株単位の投資」「二〇%高くらいで利食い」ということに対しても、それは女のやることだというのなら、私は、この投資法は女性にだけやってもらって結構ですと言いたいのです。その結果は、株では女性が天下をとることになるでしょう。

1　謝罪舞踊の饗宴に酔ったミナミの夜

昭和五十七年七月。凪は死に庭樹萎びて、という日のこと。私は、知人の紹介で関西で屈指の大実業家K氏と会うことになった。背広を着こみネクタイをしめ、流れる汗をふきながら満員の南海電車にゆられて、約束の夕方五時に、大阪ミナミの指定された料亭についたのです。

先方は芸妓相手に盃をかさね、その時はすでに酔い機嫌だったと思います。床の間を背にしてあぐらのまま、巨体の上にのっかった顔を少し上げ、手で右側の空席をさし、そこにすわりなさいというそぶりでした。女将《おかみ》と芸妓三人に仲居二人、私達を入れて計八人の座敷がとても広く見え、酒が空きっ腹の私に酔いを急がせました。女将の話術の達者なこと、そのリードで、さっきからK氏は一時間近くも喋りまくっています。私と芸妓達は正座したまま「へえー」とか「そうですかー」とか、適当に相槌を打つことだけしか許されていません。

会話が中断しました。その時はじめてK氏は、私に向かってこう言ったのです。「聞くところによると株を教えておられるとか。いやあ、私もずいぶん株の先生にはついたものです。しかしどの方も自称名人大家ばかりだったネ」と。「お前もそいつらと同じ人間だろう」というような口ぶりでした。五十男の目からみれば、私などはこの青二才のろくでなしが、というくらいに思えたのでしょう。

また続けて、「あなた、株なんて人に教えるもんではないですよ。よほど名人上手にならないとネ。実は僕も長年やってる関係で教えてくれという人が多い。時々相談にのってやっては喜ばれているヨ。うん」でした。日頃冷静な私も、この言葉には少しムカッときました。女将と芸妓達はハラハラしながら聞いていたといいます。

私は、株が人生だという女将に『会社四季報』をもってきてもらい、コード番号も銘柄名もいっさい伏せさせ、メモを用意しながら「月間高低と出来高だけ言って下さい」といって、暗記していた物価的中秘伝の上がる形式によって株価予測をやったのです。面白そうといって芸妓や仲居が私を囲む。女将は、次から次と月間高低と出来高を読みあげていきました。

「この銘柄は三月に値上がり」

「その株は五月に値上げ」というようにやっていったものです。七一問中一回も外れなし。

「ほお、全部当たりじゃないか!!　いやあ参った。世の中にはたいしたお方もいるもんだ」

といってK氏は座りなおしたのです。「口がすぎたことは重々お詫びしたい。今後は、何かとご相談に寄せていただくこともあると思います」ということでした。女将や芸妓達の顔や目も、「よかった」というように笑っていました。

K氏は元々、豪放磊落な方だったのでしょう。その笑い声は座敷を走り、歌と手拍子は空に雷鳴を聞くようでした。こうして謝罪舞踊の饗宴は深夜まで続きました。村田英雄歌うところの「殺陣《たて》師《し》段平」の一節ではありませんが「女房あれみよ道頓堀の、月も今夜は笑い顔」というような気持ちでした。その後、K氏とはずっと親交が続いています。

2 アンチ柳田　全員総退場をくった福山講演

福山城は荘厳で華麗、地域住民の心の美しさをあわせ表わしているようです。その景観をみるには新幹線の上りホームからが最もよい。雲ひとつない青空の暖かい日にそこに立つと、なぜか立ち去り難い。あの見事な美しさに心がすっかり奪われてしまうからです。N氏の招きで福山へ株式講演に行ったのは五十七年九月のことでした。

会場はN氏の自宅。二間続きの十四畳の部屋に四〇名近い人が集まっての話です。私は、

(イ) ボトムの取り方
(ロ) 万一、一〇%下げたら損切り
(ハ) 銘柄選択
(ニ) 短期、中期投資について
(ホ) 低位株への分散投資
(ヘ) 買い時期の来ているボトム近くにある銘柄

などの例をいくつかあげて話をすすめました。特に強調すべき点は強調し、質問には丁寧に応答した会合でした。

ところが、途中で一人去り二人去り、なんと最後に残ったのは主催者のＮ氏ご夫妻だけになってしまったのです。Ｎ氏は「誠に申し訳ありません」と何回も恐縮そうに言ってくれましたが、私は「こんなこともありますヨ」と笑って答えたものです。しかし内心は、不満というより、確信をもって言ったのにと思うと、本当に情けない気持ちでいっぱいでした。

ところがあとで聞くところによると、〝自分達が期待していた薬品、電機、精密機器等の優良株や値嵩《ガサ》株等については一切触れなかった。また、低位株をしきりに奨めたが、「今が買い時ですよ」というだけで、「絶対に値上がりする」というような断言もなく物足りなかった〟というのが原因だったようです。

私は、いかなることがあっても投資家には絶対損をさせてはならない、と常々思っています。したがって、万一倒産や証券恐慌またはショック等による株価の大暴落の場合を考えると、低位株以外は奨められない。また、株の世界のことゆえ「絶対に値上がりする」というような断言的なことは言えないと常日頃から考えています。株式投資をするということは値上がり益を取るのを目的にするわけですから、「この株は今が買い時ですヨ」ということだけで十分ではないでしょうか。

それから一年後のある日、N氏が十三名の人と連れ立って来られたのです。福山や三原の人が大半でした。

「あの直後、自分の判断で値嵩《ガサ》株を買った人は大勢いました。しかし、誰もがあまり儲からなかったとぼやいています」。続けて「先生がご講義の時にいわれた銘柄を買った人は、その後、相当儲けたようですし、二倍以上に値上がりした株も沢山ありました。」とN氏は語られ、「受講中に帰った連中が、みんな今度は自分達で先生をお訪ねしたいと言っております」ということで、帰られたのです。

今は、広島や岡山方面からも来られるお客さんがどんどん増え続けています。あのとき、講演会で話したことは、今でも私は自信と確信をもっています。その成果がいま、表われているのだと思っているわけです。

3 鉛筆一本で十一年前の値上がり株を当てる

和歌山県橋本に講演に言った時、有志一同から歓迎宴に招かれたことがありました。橋本は山紫水明、大気あくまで清澄、富有柿や鮎の名産地としても知られています。主催者兼有志代表の会社役員Ｏ氏宅で歓迎宴が催され、銘酒数行にして早くも踊りやカラオケによるノド自慢大会が繰りひろげられたことでした。

その時、主催者のＯ氏が「先生、私は十一年前に株で相当儲けたことがあります」といわれた。五十八年から十一年前というと、昭和四十七年頃のことです。私は鉛筆とメモ用紙を用意して、例によってコード番号も銘柄名も一切伏せてもらい、買い付け七カ月前の株価の月間高低と出来高を言ってもらった。物価的中秘伝で値上がりするという形式が出た銘柄が、Ｏ氏が儲けた値上がり株ということになるわけです。

Ｏ氏は几帳面な人で、びっしり書いてある当時の資料をもとに次々に月間高低と出来高を読み上げていきます。三十名近い人がこのときばかりはシーンと静まりかえっていました。

Ｏ氏が読み上げた十七銘柄中、私は「二、七、九、十三番目に言われた銘柄だと思います」と言った。

これには、まずＯ氏が驚いた。「先生、その通りです！　間違いありません。びっくりしました」という。その銘柄というのは積水ハウス、カルピス食品工業、資生堂、ブリヂストンタイヤの四つでした。会場から「へえー」という驚嘆の声に続いて、大拍手が沸き起こったのです。私は鉛筆とメモ用紙以外は何も用いなかったし、十一年も前にどの銘柄が値上がりしたか記憶にもありませんでした。このように、橋本における講演も大成功でした。

私は、最近こういう「当てもの」式なことは一切やらないことにしています。なぜかといえば、株や運命学は的中率を競うべき、面白半分のものではないからです。株の場合は、買ってよい銘柄とその時期さえつかめば十分なのです。あとは売買技術の巧拙次第で利益の多少が決まるというものです。運命学についていうならば、過去や現在起こっている現象をピタリと当てるのが名易者ではないのです。求占者の現在置かれている状態、つまり直面している問題点を如何に上手に解決してやれるかどうかによってその価値なり実力が決まるものだと思っています。理屈や理論だけで株で儲かった人もいなければ、過去や現在の状態をピタリと当ててもらっただけで開運した人も聞いたことがありません。

4　感動と興奮の坩堝《るつぼ》と化した地元堺における講演

五十八年十一月、楓は紅、銀杏は黄金、はなやかな錦の秋。私は株式講演と自分の主宰する会の創立十周年記念式典を併せ開催しました。会場は堺東にある楓林閣という中華料理店で、聴衆は広島、兵庫、奈良、和歌山、それに大阪（地元堺）の人達で、えんえんと長蛇の列をつくり場内はすでに満員の盛況でした。

安全でしかも確実な株式投資への熱弁は大聴衆の耳を奮い、粛として声もないありさまでした。

「皆さん、買い時期が来ている低位株へ、一千株ずつの分散投資をしましょう。なるべく銘柄を数多く持ちましょう。利食いの時期が来たら売却して収穫の喜びを知り、また次の銘柄へ投資していく。自分で株による大農場を作るんです。株で儲け成功するにはこの方法しかありません」

最後の言葉に大聴衆は割れんばかりの拍手をもって迎えてくれました。地元堺における株式講演はいままでにない盛況のうちに終了しました。

私の仕事は文筆業でもあり、頼まれれば全国どこへでも講演に出かけますし、また平日は現住所で株式投資に関する相談や開運を目的とした運勢相談を行っています。玄関には「予約なき面会お断り」の貼札がありますが、事実、身辺雑務に忙殺され、日課の本業でも日も時間も足らないのに、突然の来訪客による長談義は、経費と時間を費やすばかりで、来訪していただく人の貴重なる時間を蚕食することにもなります。ですから、やむを得ず貼札を掲示となった次第です。

5 株こそ命

奈良市に住むE婦人は小学校の教師です。E婦人が初めて当所を訪問されたのは五十七年五月中旬でした。私の株式講演を聞いて株に興味をもたれたという。

五十七年七月にアルプス電気を一、〇九〇円で二千株買われた。その後アルプス電気は上げに上げ続け、五十八年六月には高値二、七五〇円をつけた。二、四〇〇円で二千株売却したE婦人は約二五四万円の純益を手にしたことになります。「先生は株の天才よ」とかなんとか言って人を連れて来る。私が低位株への投資という方針を打ち出した時、まっ先に賛同されたのもE婦人でした。短期・中期投資ともその売買技術は、実に鮮やかです。「私は、先生の方法で一生株をやります」といわれる。

株こそ命――定年退職後ももっぱら株でと、前途に光明をみいだした婦人の顔はとても明るく輝いています。

6 三〇万円でも株はできますか

京都市内に住むＦさんは三十五歳、二児の母であり一家の主婦です。五十八年十月にご主人と一緒に来られて、「株をやりたいが三〇万円しか余裕資金がないけど、できますか」という。私は「もちろんできますよ。最初から三銘柄くらいは買われるのが理想的なんですが、一銘柄でもよろしいですよ。気長に持つ気持ちでやってみなさい」と助言しました。

同十月にゼンチクを二四〇円で一千株買われた。それからというものは毎日、夫婦で新聞の相場欄に目を通す日が続いたことでしょう。三カ月後の翌年一月末に再び来られて、「先生、三二〇円で売れました。お陰で七一、〇〇〇円ほど儲けることができました」と語るＦさんの声は喜びでふるえているようでした。

7 ストレスの解消に始めた株

和歌山市に住むRさんは弁護士です。「何か心の底からスカッとするようなストレスの解消法はありませんか」ということで、私のところへ相談にこられました。

「それには株が一番です。値下がりして一時ヒヤッとすることもありますが、希望する売り値にきたら、朝の寄付きで豪快に手放す。売れたら気分上々で腹の立つようなことも消えていくでしょう」と。また「レジャーで金を浪費することくらい愚劣なことはありません」とも付言しました。Rさんは笑って「お説の通りです」という。

私は、買い時期に来ている鉄建建設、市川毛織、東洋酸素、三菱油化等を選びました。時は五十八年十二月のことです。そのあと五十九年二月に仕事仲間三人を紹介してこられ、「先生、この前教えてもらった株ですが一カ月後にみな売れました。約一八六、〇〇〇円の儲けですが、儲けは別として気分は上々でした」という。私が「ストレスの解消になりましたか?」とたずねると、「スカッとしました。抜群です」というわけです。

8 株を始めて仕事に張り合いが出た

常客のＪさんは自衛官で伊丹に住んでいる。株の入門書をいろいろ読んだが、株をやってみたいという気持ちはあってもまだ自信がない、ということで私を訪ねて来た人です。聞くところによると、当直や演習、また入校等で落ちついて株をやる時間がないとのこと。私はＪさんのように仕事多忙の人には中期投資を奨めています。

この人も当初の元金七〇万円を三年間で三五〇万円にしました。時折来ては、「株を始めてから仕事に張り合いが出ました」と言われる。「資金が五〇〇万円になったら、お金を半分わけにして、女房は短期投資、私は中期をやるつもりです」ということです。

9　年収七〇〇万円目標に自信が出たSさん夫婦

神戸市に住むSさんご夫婦は五〇代、投資歴二〇年のベテランです。ある日私の株式講演を聞いた夫人が、家に帰るや主人に興奮しながら、

「あなた、私達の株のやり方は間違っていると思うの。今日株式講演を聞いたけど、〝投資にあたっては、まず損をせず、儲かることを考えなさい〟と言われたことにハッと気づくものがありました」といって、短・中期投資の期間的メド、利幅の問題、低位株の長所などについて聞いたことを全部話されたという。そこは某一流会社の部長で知恵第一といわれているS氏のこと、「うん、値嵩ばかりやっていては駄目だな。よし、それならその方法でやってみるか」ということで意見一致というわけです。

それからSさんご夫婦の訪問を私は何回も受けました。感心なことは、大切なことは必ずメモを取られるし、またよいと思ったことは熟慮した上で断行される、ということです。

去年五十八年には平均二五銘柄を二〇％の利食いで二～三カ月で売り、ということを何回

もやってのけられた。中期投資の売買技術も実に見事です。「先生、この方法なら株が続く限りどんな時代が来ても安心ですネ」といわれる。Sさんご夫婦の五十七、五十八年度の株式収支は純益七〇〇万円にもう一歩のところだったと聞いています。

話しは変わりますが、私など一日に百枚近い「銘柄診断表」を書いています。こうしておけば、どの銘柄が買い時期に来ているか、いつ頃値上がりするかは、掌《たなごころ》を指すが如くわかるものです。何百回何千回と売買を経験し、その一つ一つに心血をそそいで研鑽《けんさん》を積めば、その結果、誰でも株に開眼することができると思います。要は日ごろからの努力の積み重ねが大切なのです。

あとがき

私が株式入門書を執筆できたのは、恩師李先生のお陰です。初めて先生にお目にかかったのは、昭和五十五年の五月。運命学研究のため台湾に渡航していた時のことです。なれない言葉（中国語）と難解な運命学に頭を痛めていた私は、気分転換のため受講終了後「故宮博物院」へ見学に行ったのです。ガイドの説明に聞き入りながら博物院中ほどまで来た時のことです。私の左側の、入場の時からずっと一緒だった中国人風の老人が突然床にしゃがみこんだのです。聞けば腰痛とのことでした。

群がる周囲の人を押しのけて、連れの人に協力してその老人を車まで送り、「私は日本の治療師です。痛みがとれない時は宿泊先のホテルに訪ねて下さい」と、通訳を通じて手短に言って別れました。

その夜、私達一同は市内の「青葉」で台湾料理に舌鼓をうち、「第一酒店」のショーを楽しんで、宿泊先の「美麗華酒店（ミラマーホテル）」に帰ったのは十一時（現地時間）を過ぎていました。

その時、ルームボーイの語るところでは、二回ほど同じ人物がわたしを迎えに来ていた、というのです。ボーイの手渡すメモをたよりに電話をまわすと、相手は昼間の腰痛の老人の使いの者であることがわかりました。治療依頼を受けたので、私は痛飲後の酔いをさます暇もなく、その足で老人の宿泊先へ急いだのです。

到着後、すぐに治療を開始しました。家族、付き人数名の見守る中で、腰痛の治療点、膀胱経・胆経を中心に丹念に治療しました。その後、痛みが軽くなったのか、翌日も治療依頼があり、応じたのです。

二回目の治療ですっかり痛みがとれた老人は、「台湾に滞在中は、一回でも多く自分を訪ねなさい」と上機嫌で私に言うのでした。聞けば、上海のご出身で、現在香港在住であり、台湾旅行中であるとのこと。あとでわかったことですが、著名なプロ投資家であったのです。

これがきっかけとなって、私は、この老大家李先生から株の極奥秘伝『物価的中秘伝』のご講義を受ける幸運を掴んだのです。

先生はまた、ご講義の時は別人の如く大雄弁をふるわれる。白髪に埋もれた童顔からほとばしる凱々切々たる論説は、ただうっとりとして聞き惚れるくらい感銘が深いものでした。

先生には、その後、五回ほどご指導を頂いたのです。特に株価ボトムの取り方、大化株の習性等の教えは素晴らしいの一語につきます。株に勝つ方法は、世界中どこをさがしてもこの方法以外には絶対にないと思えますし、体験上確信も持てました。

私自身、株で大金持ちになったわけではありませんが、事実、巨額の借金が返せたのです。ぜひ、その御礼を申し上げたいと思って渡航前に連絡をとってみたら、先生は天寿を全うされたとのことであった。その後、御遺族の消息は杳として知る由もないまま今日に及んでいます。先生の御冥福を心より祈らずにいられません。

本書には、教えられた理論の全てを先生直弟子として述べるつもりでいましたが、この小冊子ではどうすることもできないのと、本書はあくまでも「株式入門書」という立場をとっているので、くわしくは稿を改めて著述する予定でいます。また、個人の名誉や秘密を守る立場から、文中の登場人物は、AさんBさんとしています。

株式投資をする以上、絶対に成功者とならなければいけません。株は必ず儲けられるものです。全国の投資家諸君のご成功を衷心より祈念し、ペンをおきます。

【注】 本書に記載の方式および内容等を他に無断転載したり印刷出版することをかたく禁じます。

この株式講演録の中には、「一一〇%値上がりしたら売り云々」と書いているところがありますが、当時と今（平成十四年三月）では相場環境が違うということです。現在の相場環境では少々無理な面もあります。こと売買に関しては、「実戦例で述べている方式」を用いて下さい。

平成十四年三月吉祥日

柳田　錦秀

◆本書内容の無断転載および講義を禁じます

本書の内容および方式のすべてについて、他に無断転載したり、印刷出版、講義することをかたく禁じます。

私（柳田錦秀）は昭和五十五年八月二十三日、わが国ではじめて「物価的中秘伝」による株式投資法を公開、以来、平成十四年三月まで百数十回以上の講演や一般、特別講習会を開催。その間に学ばれた有縁の人は二、〇〇〇名以上にのぼり、それぞれ成功者となっておられます。また『物価的中秘伝』等の読者は七万二、〇〇〇余名にも達し、感激のきわみです。

したがって、本書の内容および諸方式については既に公開ずみではありますが、しかし「物価的中秘伝」の注釈、解説の中には、師・資相承の口伝によるものも多く、またそれにもとづく私自身の実戦実証のポイントもあります。伝授は誰がやってもよいという類似的な安易なやり方では、誤り伝えられるもとであり、〝ケガ人〟が出ても責任が持てませんので、勝手な著作引用や講義などはかたくお断りする次第です。

許可なく禁を犯す人に対しては、著作権協会に提訴いたします。決して斯法の研究、普及を拒むためのものでなく、あくまで誤用を恐れるためなのです。

著　者

柳田錦秀（やなぎだ　きんしゅう）

1946年熊本県生まれ。陳雅山師門相場研究会李派第12代宗家・株聖，医学博士（米国パシフィックウエスタン大学医学部），法学士（近畿大学法学部），商学士（近畿大学商経科，大阪学院大学商学部）

自衛隊阪神地区病院理学診療科・看護部，大阪刑務所法務事務官看守勤務を経てジャーナリスト。

中国北京，台湾，香港，韓国，マカオ等へ渡航20回。株式・運命学・中医学・仙道・道教・儒教の大家に師事し，その秘蘊伝授を受ける。今やラジオ，テレビ，新聞，雑誌等で八面六臂の活躍中。

投資顧問業登録近畿財務局長第１号。日本報道写真連盟（毎日新聞社）会員。

〈主な著書〉

・セミプロ株式戦法
・株式急騰銘柄発見法
・３日で株のプロになれる本
・大化け株と短期急騰株の狙い方
・損せず儲かるツナギ売り入門
・低位株による元本短期２倍法
・セミプロ低位株２倍法
・中国手相の神秘
・株プロ１億円戦法
・株式急騰銘柄発掘法
・転換社債 ABC
・便秘によく効く中国仙道入門
・断食療法がわかる本
・四柱推命殺神七殺入門
・中国道教開運術
（以上同友館刊）

昭和55年８月から株式講義を毎日開催，今日に至る。

現住所（〒591—8037）

大阪府堺市百舌鳥赤畑町１丁８番地の10（西川商事ビル３Ｆ）天祥閣

電話（072）257-7312

2002年５月19日　第１刷発行

新セミプロ株式戦法

著　者　©　柳　田　錦　秀

発行者　　山　田　富　男

発行所　株式会社　**同　友　館**

東京都文京区本郷５—32—６
郵便番号　113-0033
ＴＥＬ　03(3813)3966
ＦＡＸ　03(3818)2774
http://www.doyukan.co.jp

落丁・乱丁本はお取替えいたします。　　印刷・製本／東洋経済印刷

ISBN 4-496-03362-3　　Printed in Japan